DOCUMENTS INÉDITS

AU

SUJET DE LA BÉATIFICATION

DE

SAINT FRANÇOIS DE SALES

PAR J. M.

QUELQUES
DOCUMENTS INÉDITS

AU

SUJET DE LA BÉATIFICATION

DE

SAINT FRANÇOIS DE SALES

PAR J. M.

ANNECY

ANCIENNE IMPRIMERIE CH. BURDET

J. NIÉRAT & Cie, SUCCESSEURS.

1877

QUELQUES
DOCUMENTS INÉDITS
AU

SUJET DE LA BÉATIFICATION

DE

SAINT FRANÇOIS DE SALES

Récemment on a découvert, dans les combles d'une maison d'Annecy, une liasse de documents qu'une Visitandine de cette ville avait emportée comme souvenir ou comme relique, en 1793, alors que la Révolution vidait nos couvents. On y trouve en précis l'historique des trois périodes du procès pour la béatification de saint François de Sales. Nous l'avons compulsée avec un vif intérêt, et, au moyen d'autres documents puisés aux archives de la Visitation et dans les registres de la ville (1), nous avons comblé quelques lacunes. De ce petit travail sont sortis quelques articles que le public de l'*Union* ne suivra pas sans intérêt aux approches de la fête de notre Saint.

PREMIÈRE PÉRIODE.

On sait que, même avant l'ensevelissement du corps, le 24 janvier 1623, des miracles signalèrent la

---

(1) Ces deux sources nous ont été ouvertes avec un empressement dont nous sommes fort reconnaissant.

sainteté de l'Évêque défunt et que le pèlerinage s'établit à son tombeau. Le 28 avril de la même année, Annecy vit la résurrection de la jeune de La Pesse; trois jours après, ce fut le tour de Jérôme Genin, noyé dans le Fier. Dès lors le concours des pèlerins augmenta au point, qu'on dut ériger deux nouveaux autels dans l'église de la Visitation. En 1624, les miracles étaient si nombreux, qu'à peine suffisait-on à les enregistrer; aussi le tombeau et ses abords étaient-ils encombrés d'*ex-voto*.

On jugea le moment venu de procéder aux enquêtes; la ville se prêta avec empressement à cette initiative et fit, dans ce but, une procuration au P. Juste Guérin (1). Ce zélé religieux y déploya tant de diligence, qu'en 1626 il put porter à Rome un volumineux recueil des enquêtes par lui faites en Savoie et en France. Urbain VIII en trouva le résultat si frappant, qu'il nomma sur le champ trois commissaires pour agir en son nom : ce furent NN. SS. André Frémiot, frère de la Mère de Chantal, archevêque de Bourges ; Camus, évêque de Belley, et M. Ramuz, docteur de Louvain.

L'année précédente (1625), ce Pape avait rendu deux décrets en matière de procédure pour la canonisation des Saints. On les appela *décrets de non-culte*, parce qu'ils exigeaient, comme condition préliminaire, qu'on n'eût point devancé le jugement de l'Eglise par un culte religieux rendu à aucun serviteur de Dieu.

Les délégués apostoliques arrivèrent à Annecy le 30 juin 1627. Les syndics s'empressèrent d'aller leur rendre visite, et, quoique la ville fût fort endettée, le Conseil décida, le 4 juillet suivant (2), que « se-
« ront visités, au nom de la ville, les Seig^{rs} Arche-
« vêque de Bourges, Evêques de Genève et de
« Belley et Dames de la Visitation, à la discrétion des

---

(1) En voir le texte latin et la traduction à la fin de la présente publication.
(2) Regist. des délib. à la date précitée.

« Seig^rs Syndics et serafait mandat de la dépense. »

Le jour même de l'arrivée des commissaires à Annecy, la ville fit une nouvelle procuration à dom Juste Guérin. Voici la traduction de cette pièce inédite :

« L'an mil six-cent vingt-sept et le dernier jour du mois de juin, par devant moi notaire ducal soussigné, secrétaire perpétuel de la ville d'Annecy et les témoins sous-nommés se sont personnellement constitués les illustres et les egrèges Seig^rs Etienne Decombaz, Roch Panisset, docteur ès-droits, Jean-Louis Favre et Charles Trombert syndics et conseillers de la ville d'Annecy, lesquels rappelant à leur mémoire la singulière sainteté de feu François de Sales leur évêque d'heureuse mémoire et considérant les miracles que Dieu opère journellement par son intercession ainsi que le concours chaque jour plus nombreux qui se fait à son tombeau surtout des nations voisines; animés eux-mêmes envers lui de toute l'ardente affection dont un père est capable envers ses enfants ; désirant contribuer de toutes leurs forces à sa canonisation, — de leur science certaine et propre mouvement, ont créé, constitué et député pour leur fidèle, véritable et légitime procureur, messager et agent spécial et général, de telle sorte que la spécialité ne déroge pas à la généralité ni au contraire, savoir le R^d Père dom Juste Guérin, prêtre de la Congrégation de St-Paul, provincial très méritant dans la province du Piémont, absent comme s'il était présent, à l'effet de rechercher les miracles et grâces signalées que Dieu a opérées par l'intercession d'un si grand évêque et d'employer sa diligence au nom des dits seigneurs constituants aux fins que les enquêtes et informations à faire sur ces objets par nos seigneurs les commissaires spécialement délégués à cet effet s'exécutent et soient consignées par écrit et afin que ces fins de canonisation soient transmises à N. S. Père ou aux auditeurs de la Rote Romaine ou à tous les autres auxquels selon le bon plaisir de S. Sté la connaissance sera reconnue en appartenir ; de solliciter la dite canonisation, d'insister dans ce but au nom des dits constituants et de le poursuivre instamment, accordant au dit R^d Père dom Juste Guerin ci-dessus constitué leur procureur plein et entier pouvoir d'ester et de comparaître en leur nom tant dans la Curie Romaine que dehors, de gérer et de faire tout ce qui se référera à la dite canonisation, de se substituer un ou plusieurs procureurs, si besoin en est, ou de prendre avec soi et de se choisir un adjoint, lesquels jouiront du même pouvoir dont les dits seigneurs constituants useraient eux-mêmes, s'ils étaient présents ; lesquels en conséquence promettent sous la foi du serment de tenir pour ratifié, agréable et stable tout ce qui aura été réglé et fait par le dit seigneur procureur, ou son substitut ou l'assistant qu'il se sera choisi, de n'y jamais contrevenir, avec les renonciations et autres clauses nécessaires ou favorables aux dites fins.

« Fait à la maison de ville d'Annecy, le Conseil de la dite ville y étant en séance, en présence de R^d Etienne Rouph et Louis Maison prêtre et egrège Jean Moenne, tous bourgeois de la présente ville soussignés. »

Les RR^{mes} délégués se mirent à l'œuvre. Il y eut une telle affluence de témoins et des dépositions si extraordinaires, que nos Prélats, émerveillés et cédant à l'enthousiasme, commirent deux fautes : la première, de ne point faire assez circonstancier les dépositions, qui demeurèrent ainsi des généralités trop vagues ; la deuxième, plus grave, c'est qu'au lieu de constater le *non-culte,* ils constatent précisément le culte par une énumération détaillée des marques de vénération religieuse qui entouraient le tombeau. Et ce qu'il y eut de pire, c'est que, au lieu de faire disparaître ces *ex-voto, tout fut remis en état, comme il était auparavant,* même l'inscription placée en 1623 sur la mître du Serviteur de Dieu et qui exprime en propres termes la sainteté, la sainte mémoire de l'illustre défunt. Tout cela était merveilleux, comme témoignage de l'opinion publique, mais déplorable au point de vue d'une béatification à obtenir du Saint-Siége qui voyait ainsi transgresser ses décrets.

Pendant plusieurs années les enquêtes se poursuivirent sur ce pied. Enfin, en 1635, le procès fut clos, remis au P. Mauris Marin, barnabite, substitut de dom Guérin, postulateur de la cause, qui le porta à Rome. On imagine l'accueil qui lui fut fait. Ne voyant pas jour à une solution prochaine, il consigna, par voie de notaire, entre les mains du secrétaire de la Congrégation des Rites, les trois procès instruits à Paris, à Orléans et à Annecy, et revint en Savoie.

Par un compte arrêté entre lui et la Mère de Chantal, le 9 mars 1637, et dans lequel on voit avec plaisir la signature autographe de la Sainte (1), le P. Marin déclare avoir reçu 19,522 livres. Mais le total de la dépense pour ce premier procès, dès l'année 1624 jusqu'à la mort de la Sainte, arriva au chiffre de 72,457 livres (2). C'était beaucoup d'argent en pure perte ; car ce travail fut annulé plus tard, comme contraire aux décrets de non-culte, dont nos évêques citramontains n'avaient pas assez tenu de compte et que peut-être même ils avaient ignorés.

La mort de la Sainte amena un temps d'arrêt. La première période était close et le temps devait être un des éléments de succès.

Mais la Fondatrice se survivait dans deux Religieuses, ses filles et amies, qui héritèrent de son zèle et de son autorité. C'étaient les Mères de Blonay et de Chaugy. Elles ne failliront pas à la promesse qu'elles lui avaient faite de se dévouer à une cause si chère à tout l'Ordre de la Visitation. Mais le succès devait s'acheter par une patience encore

---

(1) Pièce cotée n° 2, bis aux archives de la ville.
(2) M. Charcot, d'Annecy, pour cinq mois d'écriture, perçut 40 ducatons et une paire de gants destinés à sa femme; et R^d Bernard Bel, curé de Cervens, déclare avoir reçu, le 20 août 1638, 102 ducaons pour 4 ans et 7 mois d'écritures.

longue, par d'énormes sacrifices et surtout par une entière conformité aux décrets du Saint-Siége.

Deuxième Période.

La Mère de Blonay venait de succéder à la Fondatrice : c'était une lourde succession à recueillir. Mais elle eut une aide précieuse dans Sœur de Chaugy, qui fut nommée secrétaire et économe.

Les restes de la Sainte, décédée à Moulins, le 13 décembre 1641, furent aussi apportés dans l'église de la Visitation d'Annecy. Dès lors, l'affluence des pèlerins ne fit qu'augmenter ; l'église ne désemplissait pas ; les *prêtres ne pouvaient suffire aux sacrifices*. Quoique cette église eût été notablement agrandie en 1628, elle n'était plus assez ample pour les besoins nouveaux. D'ailleurs, dès 1642, les murs s'étaient écartés et la voûte menaçait ruine. La nouvelle Supérieure eut donc à s'occuper de la construction d'une autre église plus grande, plus digne de sa nouvelle destination. Cette entreprise fut commencée en 1643, et pendant la durée des travaux, les saintes Reliques furent déposées dans une pièce élevée du Monastère.

Sur ces entrefaites, Urbain VIII mourut (1644) ; l'élection d'Innocent X réveilla des espérances depuis longtemps endormies. La Mère de Blonay crut le moment opportun pour reprendre l'instance ; tous les monastères de l'Ordre, qui plus tôt, qui plus tard, voulurent concourir à cette dépense sacrée. Tout redoubla d'ardeur et d'espérance. Malgré l'énorme somme de 105,841 livres que coûtèrent la nouvelle église, son ameublement et la clôture de Nazareth (clos Lombard), la Mère de Blonay se jeta avec confiance dans cette entreprise. Le monde la censurait hautement ; elle reçut même, ainsi que l'Evêque, une lettre d'injures où on la tenait pour *endiablée*. Elle baisa la lettre et alla de l'avant.

Cependant, pour éviter toute fausse manœuvre,

une réunion de savants et pieux ecclésiastiques, dont saint Vincent de Paul était l'âme et qui se tint à Paris en 1646, décida qu'il fallait se conformer aux décrets de *non-culte*. En même temps, le premier Monastère d'Annecy informa le Saint-Siége qu'on désirait reprendre la cause et demandait des instructions. La réponse de Rome fut une intimation à tout l'Ordre de la Visitation d'observer les décrets de *non-culte*. On se rangea, au moins pour quelque temps. Ainsi, quand on rapporta le cercueil du Saint dans l'église neuve, ce ne fut plus avec une pompe triomphale ni sous un drap d'armesin blanc, mais sous le drap des morts et avec les rites des sépultures. Le cercueil fut descendu dans une fosse profonde et, au-dessus, le pavé fut nivelé comme dans le reste de l'église. Rien ne trahissait le lieu de cette tombe, sauf un chapeau d'évêque suspendu à la voûte directement sur l'emplacement du tombeau, suivant l'usage de Rome (1). Malgré ce qu'il en coûtait au cœur de Ch. Auguste, neveu et successeur du Saint, il fit disparaître tous les *ex-voto*, inscriptions, marques de culte religieux qui avaient précédemment entouré le tombeau.

Dès l'année 1647, la cause était de nouveau acheminée. Toutes les faveurs, tous les nouveaux miracles qui s'étaient produits depuis les dernières enquêtes juridiques avaient été soigneusement recueillis dans des procès-verbaux, pour être joints au premier dossier et soumis à l'examen du Saint-Siége. D'accord avec l'Evêque, la Mère de Blonay avait fait parvenir à Rome la *Vie* du saint Fondateur, écrite en latin et en français. On y avait joint des cahiers, en forme de thèses, écrits sur trois colonnes, en latin, en français et en italien. C'étaient la vie et les actes du Saint, déduits et discutés, afin de mieux le faire connaître à Rome ; car les pièces du premier procès n'en donnaient qu'une idée vague

---

(1) Notice hist. sur les préc. Reliques, par un Curé, p. 33.

et incomplète, quoiqu'il renfermât les plus riches matériaux.

Pour le choix d'un nouveau postulateur de la cause, on ne crut pouvoir mieux s'adresser qu'au théologal de la Cathédrale d'Aoste, R^d Gabriel Debezanson, homme intelligent, érudit, versé dans les matières ecclésiastiques et connu de plusieurs personnages influents à Rome. Il refusa d'abord ; mais sur les instances réitérées de la Mère de Blonay, il céda. D'une santé chétive et habitué à un régime à part, il lui fallut assez d'argent, un valet et un équipement en rapport avec son nouvel emploi. Tout lui fut fourni et il partit pour Rome en février 1647. Arrivé à Gavi, en Italie, il fut complètement dévalisé par des voleurs. Un ami qu'il rencontra lui fournit des habits et de l'argent, en attendant qu'il en reçût d'Annecy. C'étaient de fâcheux auspices.

D'un autre côté, le souvenir des irrégularités commises antérieurement contre les décrets d'Urbain VIII donnait des inquiétudes. *On se tenait peu assuré du succès*, marquent les mémoires de la Visitation, *à cause de la défiance que l'on a en ce pays-là* (Rome), *des préjugés en fait de canonisation*.

Arrivé à Rome, M. Debezanson se présente comme postulateur de la cause au nom du Monastère d'Annecy et se concerte avec les délégués de Paris et d'Orléans, Mgr de Castres, M. de Montheron et le barnabite Viardi. Leurs espérances se fortifient par les éloges qu'ils entendent faire à Rome de saint François de Sales et surtout par un courant de sollicitations et d'adresses qui arrivèrent alors à Rome de tous côtés, aussi bien des cours catholiques que des assemblées générales du clergé et de plusieurs grandes familles de religieux. On connaît la belle adresse que le souverain Sénat de Savoie envoya au Pape le 4 décembre 1647 pour lui demander qu'il lui plût ranger dans le catalogue des Saints ce grand Evêque, notre compatriote (1).

(1) Les saintes Reliques sous la Terreur, par A. Despines et E. Serand, p. 85.

La ville d'Annecy, dépositaire de ses précieux restes, ne s'était pas laissé devancer par la capitale du duché. Le 8 des kalendes d'octobre (23 septembre 1647), les représentants de notre cité rédigèrent une élégante adresse latine qu'ils envoyèrent au Saint-Père (Innocent X). Cette pièce inédite fait le plus grand honneur à la religion et à la littérature des magistrats qui l'ont conçue et souscrite.

Voici cet important document :

« Sanctissime Pater,

« Inter tot et tantos Ecclesiæ et mundi principes apud V. B. pro *Francisci de Sales*, episcopi quondam nostri glorificatione supplices, silere nos ratio non patitur, eloqui suadet devotio. Ratio exigit a filiis ut optimi patris gloriam quærant ; devotio servi Dei efflagitat honorificentiam. Nos qui miserandæ Genevæ inopia ditati sumus, ejus pactes explemus ; supplicationes nostras V. S. cum summa humilitate sic gerimus.

« Quod fuit ab initio tanti viri, non quod audivimus, sed quod vidimus oculis nostris, quod perspeximus et manus nostræ contrectaverunt de Sanctissimis ejus actionibus, id cum primis Sacro Sanctæ Sedi apostolicæ renuntiare tenemur.

« Præfuit et profuit nobis clarissimus episcopus *Franciscus de Sales* vigenti circiter annis, quibus omnibus lucerna accensa et super candelabrum posita nobis ita præluxit, ut quidquid in episcopo pietatis in Deum, charitatis in proximum, in se ipso humilitatis, in pastore vigilantiæ, in custode diligentiæ, in dispensatore mysteriorum Dei fidelitatis, in restituendis Deo peccatoribus sedulitatis, in arcendis a grege Domini lupis strenuitatis, cæterarumque virtutum pastoralium continuis exercitiis desiderari potest, in eo semper suspexerimus, hoc pro singulari Dei beneficio experti fuerimus. Testatus est Deus maximus servi sui sanctitatem innumeris prope populo nostro concessis ejus intercessione receptisque beneficiis, de quibus non pauci ex nostris jurati coram commissariis apostolicis abunde fidem fecerunt. Permanent apud nos tot ejusdem magni viri monumenta, quibus semper honos nomenque ejus laudesque manebunt. Sed ut id pro dignitate præstemus, (quotquot) sumus in hac civitate humillimi V. S. filii, ad sacros suos pedes provolvimur et procidimus devotissimis animis rogantes, ut gloriam qua fulgere episcopum nostrum in cœlis jure existimamus, ore et dicto apostolico obtineat in terris ; quo sic sancta lux splendidius luceat coram hominibus, ut multis bonis operibus glorificemus patrem nostrum qui in cœlis est.

« Ab eoque V. B. precibus nostris longævitatem cum felicitate exoramus, Pater Beatissime, humillimi et obedientissimi filii, servi et oratores consules et civitas Anneciensis. »

En voici la traduction :

TRÈS-SAINT PÈRE,

Alors que tant et de si grands Princes, tant du siècle que de l'Eglise, adressent à V. S. un concert de supplications pour la glorification de François de Sales, naguère notre Evêque, la raison ne nous permet pas de nous taire et la religion nous force à parler. En effet, la raison veut que des enfants travaillent à la gloire du meilleur des Pères, la religion exige qu'un Serviteur de Dieu soit honoré. Pour nous, qu'a enrichis la misère de l'infortunée Genève, nous venons ici remplir son rôle, et voici la prière que nous adressons en toute humilité à Votre Sainteté.

Ce qu'a été ce grand homme dès l'origine, non point ce que nous avons appris par ouï-dire, mais ce que nous avons vu de nos yeux, ce que nous avons attentivement considéré et ce que nos mains ont palpé au sujet d'une conduite si sainte, voilà surtout ce que nous sommes tenus de faire connaître au Saint-Siége apostolique.

A notre grand profit, cet illustre évêque François de Sales a été notre prélat environ vingt ans. Pendant tout ce temps, cette lampe ardente et placée sur le chandelier a tellement brillé à nos yeux, que tout ce qu'il est possible de désirer dans un évêque d'amour de Dieu et du prochain, d'humilité dans un fidèle, de vigilance dans un pasteur, de diligence dans un gardien, de fidélité dans la dispensation des mystères de Dieu, de zèle à ramener les pécheurs à Dieu, de vigueur à éloigner les loups du troupeau du Seigneur, de persévérance dans la pratique des autres vertus pastorales, toujours nous l'avons admiré en lui, nous l'avons constaté et éprouvé par un bienfait singulier de Dieu. Ce grand Dieu a attesté la sainteté de son Serviteur par une multitude presque innombrable de faveurs accordées par son intercession ; plusieurs d'entre nous, sous la foi du serment, en ont rendu un éclatant témoignage devant les commissaires apostoliques. Il reste encore parmi nous une foule de monuments qui assurent à sa mémoire et à son nom une gloire impérissable. Mais désirant y contribuer selon notre pouvoir et ses mérites, tous, tant que nous sommes d'habitants de cette ville, très-humbles fils de V. S., nous nous prosternons à ses pieds sacrés, la suppliant, dans l'effusion de leurs cœurs, de daigner, par un mot de sa bouche apostolique, décerner à notre Evêque sur la terre la gloire dont nous croyons avec raison qu'il jouit dans le ciel ; qu'ainsi cette sainte lumière jette plus d'éclat devant les hommes, afin que par une multitude de bonnes œuvres, nous glorifiions notre Père qui est dans les cieux, et que par nos prières nous obtenions de lui, pour V. S., une vie longue et heureuse.

Très-Saint-Père,

Vos très-humbles et obéissants fils, serviteurs
et suppliants,

Le Conseil et la cité d'Annecy.

La cause de la béatification, avons-nous dit, semblait prendre une tournure favorable. Rome se prenait tout doucement d'admiration pour la vie et les écrits de notre saint Evêque. M. Debezanson, pensant favoriser ce précieux mouvement d'opinion, se fit envoyer d'Annecy plusieurs exemplaires des oraisons imprimées à l'honneur de son saint client et les répandit à Rome, surtout entre les mains des Cardinaux de la Congrégation ; mais l'effet répondit mal à ces bonnes intentions. Les archives de la Visitation possèdent la volumineuse correspondance du Théologal, où l'on peut suivre les progrès assez douteux de la sainte affaire qu'il poursuivait. Qu'il suffise de reproduire des extraits de la lettre suivante qu'il adressait aux Sœurs du 1er Monastère d'Annecy.

†

VIVE JÉSUS !

De Rome, le 28 septembre 1648.

MES TRES CHERES ET TRES HONOREES MERES

Je n'ai point eu de vos lettres par cet ordinaire. Mgr de Castres et moi portames mercredi passé les deux lettres que vous m'aviez envoyé qui s'adressaient au pape ; mais nous ne pumes pas avoir audience ; nous les remismes donc à Mgr le card. Pancirole, secrétaire de sa Sté qui nous promit de les lui rendre et nous asseura toujours plus des bonnes volontés de N. St Père et des siennes aussi, pour N. B. P. Nous donasmes celle qui s'adressait à la sacrée Congrégation à Mgr le card. Capone avec une des oraisons imprimées que vous m'avez envoyées dont il a été tres aise et nous en faudra mander davantage, s'il vous plaict, car il en faudra une pour le moins à tous les cardinaux de la Congrégation qui tous la veulent et ne nous nuira point de l'avoir imprimée, au contraire servira toujours d'un bon moyen.... Mais il faut connaistre cecy un effect des mérites de celui qui en fait le sujet et une grace particulière de Mgrs les Cardinaux, car il est tres vray que cela nuirait à d'autres et n'aurions garde de la faire voir, si nous n'eussions été asseurés de l'advantage. En voici encore une autre latine que Mgr de Castres mande à Mgr de Genève avec ses humbles saluts et à vous aussi. Nos cheres Sœurs de Turin m'ont mandé cette fois encore une lettre pour la S. Congrⁿ que je pense sera de Mgr l'eveque de Nice avec une supplique du Chappitre de Nice tres bien dressée par laquelle ils supplient la S. Congrⁿ d'accorder promptement la canonisation. Je les porterai un jour de cette semaine à Mgr le card. Capone qui nous a asseurés que les œuvres de notre B. P. seront desormais sa lecture ordinaire ; où l'on reconnait clairement que ce grand Serviteur de Dieu avait le Sᵗ Esprit, il lui apris une grande dévotion. Mgr le nonce de Cologne continue ses instances avec une ferveur incroyable.

Je vous ecrivis, si me semble, quand on nous retardait tant l'expédition des *remissoriales,* que Mgr Gallio secrétaire de la S. Congrⁿ était en danger de perdre sa charge ; ce qui est arrivé. On la lui a levé pour la donner à Mgr Boncompaigno, petit neveu de Gregoire XIII. Nous ne perdons rien au change.....

Mgr de Castres a pris sa possessoire à Castres par procureur... il a dessein de bâtir une belle et riche chapelle à N. B. P. dans l'église de Sᵗ Charles qui est l'église de leurs pères Barnabites,... il a déja des colonnes de marbre arrêtées pour N. B. P. ; mais il ne pourra pas faire travailler qu'au temps de la canonisation dont il se tient asseuré. Il veut aussitost qu'il sera en son évêché traduire en italien toutes les œuvres de N. B. P. à commencer par l'*Avertissement aux Confesseurs* pour ceux de son diocèse et par conséquent pour tout l'Italie. Il est prié de ceci de plusieurs cardinaux et grands princes et princᵉˢ auprès desquels N. B. P. passe pour un autre S. Bernard de Clairvaux en ses écrits, surtout en ses épîtres qu'on appréhendait tant de faire paraître ; elles ravissent le monde. Mes bonnes Mères je vous dis toutes ces petites choses, parce qu'elles sont de consolation.

En attendant la response de Mgr le cardinal Antoine, Mʳ de Montheron travaille de son côté... Il vous faut dire la pensée que nous faisons pour celle du cardinal Antoine. Nous voyons que le pape n'aime point les Barberini et que, quand ils veulent une chose, il en fait une autre, de sorte que nous avons peur que cela ne nous porta du préjudice et qu'on pensat que nos Sœurs voulussent venir sous leur protection. Nous y penserons un peu mieux, quand nous aurons la response que nous ne sommes pas encore asseurés d'avoir en faveur. Je vous dis tout ceci parce que je suis assuré que mes lettres ne passent que par vos mains et celles de nos chères Sœurs. Aujourd'hui particulièrement en Italie, la simplicité de la colombe sert de peu, si elle n'est accompagnée de la prudence du serpent. L'expérience le fait voir tous les jours. Je pensais aller voir Mʳ Saulnier, mais je n'en ai pas eu le temps pour cette fois. J'ai remis à M. Pellope une bâle de livres de la *Vie de N. B. P.*

Je salue toutes nos chères Sœurs, me recommande à vos prières et suis

V. tres humble et tres obeissant serviteur

et frere en notre Seigʳ.

Debezanson.

D. S. B.

Quand l'évêque Charles-Auguste de Sales fit le dépouillement du tombeau et les cérémonies funèbres dont nous avons parlé, ce fut en vertu des lettres *rémissoriales* que le Pape lui avait envoyées le 15 juin 1648, pour faire le procès de non-culte. Toutes les marques de vénération religieuse avaient disparu. Mais on ne tarda pas à revenir aux pieuses transgressions défendues par le Saint-Siége, du moins on laissa libre carrière à l'indiscrète piété des pèlerins et on comptait sur la tolérance de Rome. Ce zèle intempestif devait encore être fatal à la cause, surtout celui que le postulateur déployait à Rome. D'ailleurs d'autres circonstances vinrent paralyser l'instance : la guerre sévissait en Italie ; les préparatifs et la célébration du Jubilé semi-séculaire occupaient la Cour romaine ; le Pape, âgé et souffrant, était incapable de contention ; M. de Montheron mourut de la taille, et Mgr de Castres avait rejoint son diocèse.

De son côté, M. Debezanson fut trois mois malade en 1649 et ne se portait guère mieux au commencement de l'année suivante. Les médecins lui conseillèrent de quitter Rome. Les mémoires de la Visitation ajoutent que le *Théologal quitta la partie, soit parce qu'il était juste qu'il allât prendre possession du bénéfice* que le Pape venait de lui conférer (c'était le prieuré de Saint-Ours, en val d'Aoste, — *soit plutôt qu'ayant sondé les esprits, il jugea qu'on n'était pas disposé à pousser les choses plus loin ; au moins de quelque temps.* Une lettre postérieure, émanée de son successeur, parle même de l'*exil du Théologal*, qu'il appelle pourtant *très-savant, très-pratique* et *d'une vertu très-parfaite* (1). C'était en 1650, la Mère de Blonay était morte l'année précédente ; la Mère de Chaugy l'avait remplacée. Sur ces entrefaites, par une coïncidence plus ou moins providentielle, le Père de Chaugy, minime, frère de la Mère de Chaugy, venait d'être envoyé à Rome, au couvent de la Trinité-du-Mont. C'est sur lui que les vues se portèrent pour poursuivre, à moindres frais, la cause de la béatification, quand reviendraient des conjonctures plus favorables.

Désormais le Théologal pouvait quitter Rome. A son départ, il rencontra le Père de Chaugy qui se rendait à son nouveau poste. M. Debesanson lui donna spontanément des renseignements précieux, témoignant le plus vif intérêt au succès de la cause et

---

(1) Archiv. de ville, n° 7 de la liasse.

le ferme espoir qu'elle aboutirait, quoiqu'elle fût dans un moment de stagnation.

M. Debesanzon était resté à Rome dès le mois de mars 1647 jusqu'en mai 1650. Le 19 novembre de la même année, il vint à Annecy, rendit ses comptes et se reconnut débiteur d'une somme assez importante. Au fond, l'insuccès de cette seconde tentative ne lui est pas imputable ; les imprudences mêmes, commises contre les décrets de non-culte, si elles retardaient un moment le succès, le préparaient de loin, en montrant toute la richesse de cette cause et en en hâtant la maturité. Du reste, il ne pouvait ni maîtriser ni conjurer les obstacles de force majeure que nous avons signalés plus haut, ni suppléer au temps qui manquait encore pour que la cause pût juridiquement aboutir.

La dépense que la Mère de Blonay avait faite de 1643 et jusqu'à la fin de sa vie (1), s'éleva à la somme de 33,336 livres.

Encore quelques années et la cause de notre Saint allait recevoir une vigoureuse et décisive impulsion.

Troisième Période.

Après son arrivée à Rome, en 1650, le P. André de Chaugy, minime, qui fut dès lors le procureur d'Annecy pour la poursuite de la cause, alla visiter le doyen de la Rote, Mgr de Noser, pour la lui recommander. Ce prélat l'assura de la bonne volonté du Pape et de la sienne ; mais il ne lui dissimula pas qu'il faudrait du temps et de l'argent.

Celui à qui était réservée la glorieuse tâche de couronner notre Saint était alors nonce du Pape à Munster où il prenait part au traité de paix de Westphalie. C'était Fabio, de l'illustre maison Chigi. Il était fort jeune encore, quand notre Saint lui avait prédit son exaltation aux plus hautes dignités de l'Eglise. A son tour, le jeune homme lui avait dit

(1) En 1649.

que si jamais il devenait pape, il canoniserait Mgr de Genève. Cette double prédiction se réalisera.

Plus tard, pendant sa nonciature de Westphalie, Fabio fut atteint d'une maladie si grave, qu'il n'attribua sa guérison qu'à l'intercession de saint François de Sales. Aussi, à peine remis, il envoya une bonne somme au Monastère d'Annecy pour l'aider dans la reconstruction de l'église où devait reposer son bienfaiteur. Outre son heureuse expérience, ce nonce était encore fortifié dans sa confiance en saint François de Sales par la lecture de sa vie et de quelques-uns de ses écrits, et par les merveilles qu'en racontaient les seigneurs français qui prenaient part aux négociations de Munster. Il était donc d'avance gagné à la cause de notre Saint.

Le moment de le prouver ne tarda pas. Rappelé à Rome pour recevoir le chapeau de cardinal et devenir ministre du Pape, un de ses premiers soins fut d'examiner par lui-même l'état de la procédure. Aussi reçut-il favorablement la visite du Père de Chaugy qui lui offrit la Vie des premières Mères de la Visitation, composée par sa sœur, la Mère de Chaugy. Le nouveau cardinal y prit un goût extrême.

Pour réparer les nullités survenues dans la procédure antérieure, Mgr Chigi obtint du Pape la désignation de Mgr de Belley pour instruire un nouveau procès de *non-culte*. Ce prélat vint à Annecy pour faire la visite du tombeau en mai 1653, et y revint terminer l'instruction à la fin de septembre. Un courrier assermenté fut dépêché à Rome pour porter ce nouveau dossier. Hélas! ce procès-verbal dut encore constater que la dévotion des peuples envers notre Saint était incorrigible dans ses expansions : sur l'emplacement du tombeau, il y avait encore des *vœux et des marques de sainteté*. On les fit disparaître.

En 1565, Innocent X vint à mourir. Pendant que les Cardinaux entraient au conclave, tout l'Ordre de la Visitation se mit en prières pour demander à Dieu la promotion de Mgr Chigi. Il fut élu et prit le nom d'Alexandre VII. Tous les Monastères de la Visitation furent dans la jubilation et, au nom de l'Ordre, la Mère de Chaugy s'empressa de féliciter le nouveau pontife. Nous n'avons pas sa lettre ; mais on en peut juger par celle qu'elle lui adressa le 7 avril 1656.

Voici cette lettre encore inédite :

« Tres saint Père,

« Je ne saurais empêcher mon cœur d'aller aux pieds de Votre Sainteté pour y renouveler nos saintes joies à ce jour bienheureux auquel, pour parler dans les termes de notre vénérable Père, François de Sales, Dieu vous ôta à vous-même, pour vous donner à son Eglise et j'ose dire un peu spécialement à ce pauvre petit troupeau de vos brebiettes de la Visitation Ste Marie.

« Nous allons commencer une autre année de vœux et de prières quotidiennes pour la conservation de V. Sté, et outre les prières générales de la Communauté et les particulières que chacune de nos Sœurs ont permission de faire selon l'inspiration et mouvement du cœur, j'ai entrepris d'aller trois fois le jour au tombeau de notre vénérable Père pour V. Sté. Les deux premières fois, je demande à cet homme de Dieu tout ce que vous lui demanderiez vous-même si vous étiez à ce tombeau. Ainsi j'offre votre sacré cœur et vos saintes intentions sans dire autre chose. La troisième je supplie ce bon père qu'il vous soit au ciel ce que votre Sté lui est en terre, à savoir, protecteur, conservateur et sanctificateur.

« Tres saint Père, pardonnez, s'il vous plait, à la simplicité de ma confiance ; souffrez qu'en esprit je baise vos pieds sacrés et daignez bénir,

« Tres saint Père,
« Votre tres humble tres obligée, tres obéissante
et tres indigne fille, servante et oratrice
« Sr F. M. de Chaugy. »

Annecy 7 avril 1656.

Les espérances si délicatement exprimées dans cette lettre ne furent pas vaines. L'année même de son exaltation, AlexandreVII tint coup sur coup quatre congrégations et signa deux décrets au sujet de cette célèbre cause (1). Mais, comme il en connaissait la richesse et qu'on le savait favorablement disposé, il voulut lui donner un cachet spécial de solidité et d'impartialité, ainsi qu'un éclat inaccoutumé, en sorte que son affection pour cette grande cause le rendit plus exigeant et plus difficile.

Considérant les irrégularités des premières enquêtes, il voulut un nouveau procès qui fût à l'abri de tout reproche. Il en chargea les évêques du Puy, Mgr Maupas, celui de Belley et celui de Maurienne, qui arrivèrent à Annecy au printemps de 1656.

Pour éviter les errements anciens, il fallait un directeur et promoteur de la cause. Le Père de Chaugy en était, à la vérité, le procureur et le postulateur pour Annecy, mais il n'entrait pas dans son rôle d'être l'avocat de cette cause, et il n'avait pas l'expérience que réclamait cette tâche.

Il y avait alors à Rome un praticien rompu à ce genre d'affaires. Depuis bien des années, les causes de béatification qu'on lui confiait tournaient bien ; c'était un simple clerc, mais un canoniste prudent, instruit et infatigable, malgré sa chétive santé. Il s'appelait et signait modestement *Jean Migel*. Il était natif de Pontarlier, où il avait encore son père. Le Pape l'honorait de sa confiance et de son estime. Peut-être fut-ce S. Sté elle-même qui le signala à la Mère de Chaugy. Il fut nommé directeur et promoteur de la cause.

Entre ses mains, les choses allaient changer de face. Le nouveau promoteur commence par prendre, dans les vieux procès, une teinture sommaire de la procédure et de la sainte affaire qui lui est confiée. Il en reconnaît aisément les irrégularités et les lacunes, mais il en admire les riches éléments ; il s'éprend de

---

(1) Notice hist., par un Curé, pag. 36.

vénération et d'amour pour son saint client. Dès lors, il fait de cette cause, non point une question d'intérêt ou d'amour-propre, mais l'objet d'un religieux dévouement, d'une sainte passion ; il y sacrifiera sa santé et même sa vie, mais il la fera triompher; le Pape lui-même rendra à cet homme modeste le témoignage qu'il a été le martyr de cette cause et quand, après le magnifique succès de la béatification, la mort se présentera au chevet de ce pieux avocat, celui-ci, confiant dans la protection du Saint qui lui doit une partie de sa gloire, lui lèguera encore tout le bénéfice auquel il a droit pour avoir conduit à bon terme ce laborieux procès.

Vraiment, on est étonné de l'oubli auquel on a condamné le nom de cet homme précieux. Nous savons que la première et unique gloire de ce succès revient à Dieu qui, à force de miracles, a, pour ainsi dire, imposé à son Vicaire l'agréable tâche de canoniser son grand Serviteur. Cet honneur revient ensuite à saint François de Sales lui-même qui, à force de sainteté, a mérité que Dieu le glorifiât par d'éclatants miracles. Mais, parmi les personnages de la terre qui ont contribué à l'exaltation de saint François de Sales, après les noms vénérés d'Alexandre VII et de la Mère de Chaugy, il faut ranger le nom, jusqu'ici trop ignoré, de *Jean Miget :* c'est un hommage que mérite sa mémoire.

Voyons-le maintenant à l'œuvre. De Rome, où il a son quartier-général, cet habile capitaine dirige tout, assigne à chacun sa place et sa tâche, ne laisse rien au hasard, trace les instructions les plus précises, surveille les moindres détails, tient tous les fils entre ses mains, ne se déconcerte jamais devant la difficulté ou l'obstacle, remonte le moral de son monde, se taille à lui-même une écrasante besogne, ne veut de repos qu'après la victoire et s'ensevelit dans son triomphe.

Tel a été Jean Miget : Nous en avons la preuve dans la volumineuse correspondance qu'il entretint de Rome avec les divers agents de cette cause, ainsi que dans les témoignages les plus autorisés qui lui ont été rendus alors.

C'est pour cette troisième période qu'abondent les documents. La liasse récemment retrouvée et qui enrichit les archives de la ville, contient plus de quarante-cinq lettres de M. Miget au Père et à la Mère de Chaugy. Elles sont palpitantes d'intérêt. Nous regrettons que le manque de temps, ainsi que la crainte de lasser l'hospitalité d'un petit journal et la patience de ses lecteurs, nous obligent à n'en donner que quelques fragments ou une trop succincte analyse.

Dès que M. Miget eut pris la cause en main, le Père de Chaugy devenait inutile à Rome; aussi vint-il se fixer à Annecy, où sa présence pouvait être utile pour la direction du procès à instruire et pour les communications avec le promoteur de Rome. On verra avec quel zèle et quelle intelligence M. Miget dirige toutes les opérations qui se font à Annecy et même en France. Voici sa première lettre au Père de Chaugy :

Rome, 29 mai 1656.

« MON REVEREND PERE,

« Je vous envoie une instruction toute entière pour faire le procès. Il faudra que vous la communiquiez à celui que vous choisirez pour procureur et directeur de ce procès, avant que de le commencer et de présenter les *rémissoriales* et de disposer selon ce que j'y ai marqué tout ce qu'il faut pour son entier accomplissement.

« Je vous enverrai une particulière instruction sur les principaux miracles que j'ai remarqué dans les vieux procès, afin de les comparer, comme aussi de ceux dont vous me laissâtes la note.....

« A mesure que l'on fera le procès et que l'on examinera les témoins, vous procurerez que l'on m'envoie la copie de tout ce qui se fera par chaque courrier, afin que je les puisse considérer et vous direz à celui qui transcrira qu'il fasse une bonne marge, *alla spagnola*, c'est à dire, la moitié de chaque page.

« Quand il y aura une difficulté, je vous prie de ne pas manquer de m'avertir et si dans l'instruction il y avait quelque article qui ne fût pas assez clair, il ne faudra sinon proposer la difficulté et ne marquer le numéro, afin que je vous puisse envoyer la réponse.

« Le 21 de mars, je fus à l'information de sa Sté où je demeurai quatre heures tout entières. Sa Sté me témoigna sa bonté ordinaire pour notre sainte cause, me la recommanda et me fit entendre de ne point sortir de Rome, qu'elle ne soit terminée.

« Je vous envoyai il y a quelque temps la note des causes pendantes; par l'ordinaire suivant je vous enverrai le mémoire de la nullité des vieux procès.

« J'ai travaillé six semaines entières autour de notre *remissoire* sans intervalle. Loué soit Dieu, qu'elle va avec tout ce qu'il faut; je le prie que les effets s'ensuivent selon mon désir...

« V^{re} très humble etc.

« J. Miget. »

Pendant l'été de 1656, dès le 23 juin à la fin d'août, les prélats enquêteurs entendirent les dépositions sur la vie, les vertus et les miracles du Saint. Il y eut un si grand concours de témoins que, pendant ce temps, 18 ou 20 secrétaires furent sans relâche à l'œuvre. Cette abondance fut un écueil. Les juges, émerveillés, mais encombrés de tant de dépositions extraordinaires, n'en pouvaient assez connaître les circonstances ni consigner les détails. Autre faute : On n'envoyait point à M. Miget les cahiers des enquêtes, selon ses expresses recommandations. On le laissait inquiet et inoccupé. Puis, par un nouveau malheur, la peste vint à éclater à Rome et bientôt il n'y eut plus d'audience au palais, bien que le

Pape conservât toute son affection à cette belle cause. En voici l'état au 9 octobre :

« Mon Reverend Père,

« ..... A l'arrivée du courrier, je suis demeuré grandement affligé de n'avoir rien reçu d'Annecy. Je ne sais de quel côté me tourner, ne voyant point d'ouverture pour remettre si tôt notre continuelle correspondance et, d'autre côté, il semble qu'au palais l'on n'agrée pas le dessein que j'avais proposé d'aller vous aider, outre que le mal (la peste) s'étant beaucoup épanché à Rome, les passages vont de tant plus se resserrant et difficultant.... Le palais est barré et, dans le reste de Rome, une quantité de maisons. Béni soit Dieu que, pour mon particulier, je n'ai autre appréhension que de voir le retardement de notre affaire, qui me tourmente l'esprit, ne sachant ni que faire ni que dire.... Au palais l'on reçoit grande satisfaction, quand je peux donner quelques bons avis de l'heureux progrès de cette affaire. C'est pourquoi, à tout hasard, écrivez-moi deux mots à tous les courriers...... Je vous prie de ne pas faire mettre en bonne forme la copie qui se devra envoyer à la Congrégation, mais seulement m'envoyer une simple pièce de tout ce qui se fait.....

« Si l'ouverture et visite du tombeau s'est faite le dimanche, je crains grandement qu'il ne faille recommencer. Otez-moi de peine. Si l'on eût bien pris garde et lu mes instructions, je ne serais pas en cette peine. En quelque façon qu'il en aille, je vous prie de m'envoyer l'acte de tout ce qui s'est passé.

« Votre... J. Miget. »

Malgré l'inaction à laquelle M. Miget est condamné, malgré la peste qui sévissait à Rome, il reste plein de confiance ; il prévoit tout et envoie des instructions très circonstanciées, comme se voit dans sa lettre du 16 octobre 1656, dont voici des extraits :

Mon Reverend Père,

« Les vôtres du 20 m'ont grandement esjoui et satisfait. Loué soit Dieu. Je suis hors de peine en apprenant que l'ouverture du tombeau a été faite le samedi, 9 du passé et non le 10 qui était dimanche, jour non juridique.

« Il ne faudra pas négliger les prodiges qui sont arrivés en même temps que s'est faite une si sainte action. *(C'étaient les odeurs suaves et le mouvement du chapeau suspendu à la voûte.)* » Il faudra bien prouver l'un et l'autre. J'en attendrai la relation plus ample que M. Parra me promet..... »

(M. Miget trace ensuite un questionnaire long et très-détaillé au sujet de ces deux prodiges pour le procès-verbal qui doit en être dressé suivant toutes les formes juridiques. Puis, passant à la visite du cœur du Saint à Lyon, il ajoute :)

« Pour bien agir dans cette visite, je crois qu'il faudra envoyer notre M. le chanoine Parra à Lyon, puisque je ne doute point qu'avec sa pratique et diligence il ne fasse bien et promptement exécuter tout ce qu'il faudra, comme il a fait dans le dernier procès de non-culte.....

« Je vous prie de ne point conclure le procès, que je n'aie vu le tout, au moins en substance et, si c'est possible, en forme. »

(Suivent encore d'importantes instructions.)

« Le palais est toujours barré... Le mal est très élargi... Tous les jours l'on *serre* des maisons infectées et la maladie s'augmente. Néanmoins nous nous portons bien, espérant en Dieu et aux mérites de notre B.

« Votre... J. Miget. »

Dans la lettre suivante, du 30 octobre, à la Mère de Chaugy, M. Miget fournit d'intéressants détails :

« Tres Reverende Mère

« ..... Quoique le mal contagieux aille croissant

à Rome, je ne laisserai pas de continuer à y demeurer et me conserver le plus qu'il me sera possible, me recommandant à vos bonnes prières. Je n'ai eu d'autre but d'aller en Savoie, sinon pour coopérer au travail de l'affaire de notre B. qui est la plus importante que j'aie en ce monde. Mais puisque à présent il n'est plus nécessaire, j'attendrai ici vos ordres, outre que S. Sté, à ce que j'ai su, semblait ne pas agréer ma sortie.

« Le P. André demandait mon avis sur l'instance des Carmélites de Paris qui désirent unir la cause de notre B. à celle de la M. Madeleine de St Joseph de leur Ordre. Quoique je patronne l'une et l'autre, il me semble que le P. André ne se doit engager en façon que ce soit, parce que les faveurs que le S. Esprit a inspiré à S. Sté de protéger notre cause sont fondées sur des raisons si hautes, relevées et surnaturelles et à nous inconnues, lesquelles je ne sais si elles auront des corrélatifs transcendants, pour s'appliquer à une autre cause où les raisons seront bien différentes.....

« Quand Mgr du Puy viendra à Rome, je désirerais que le principal motif de sa légation soit la poursuite de notre affaire; car il se peut assurer que S. Sté agréera fort les prières que l'on lui fera pour la poursuite d'icelle et que probablement il condescendra plus facilement à le gratifier qu'aucun autre....

« Pardonnez-moi, très Reverende Mère, si j'explique avec tant de liberté mes sentiments; mais assurez-vous qu'ils procèdent d'une sincérité accompagnée de plusieurs connaissances que j'ai prises de cette Cour, étant d'autre côté très certain que je parle à la prudence même et que toutes sortes d'excuses sont superflues.

« Votre très humble... J. Miget. »

On aime à voir, dans la lettre qui précède, à quel ordre transcendant de sainteté saint François de Sales était élevé, non-seulement dans l'opinion de l'avocat de la cause, mais surtout dans celle du Saint-Siége, appréciateur infaillible du mérite des serviteurs de Dieu au terme de leur pèlerinage.

Enfin M. Miget reçoit copie des travaux d'Annecy; la besogne abonde pour lui. Le 11 décembre 1656, il reçoit 7 cahiers, et le 1er janvier suivant, il en reçoit 9 autres; il répond qu'il va les voir *promptement et diligemment*, pour *les renvoyer incontinent*.

On n'était qu'à la première année de la reprise de l'instance et déjà on s'impatientait à Annecy. M. Miget écrit à la Mère de Chaugy que la patience sera nécessaire et que la dévotion du Pape pour saint François de Sales ne supprimera point les délais. Voici comme il lui parle :

« L'impression que l'on a que sa Sté soit dévot et affectionné de notre B. est notoire à Rome. Nous en avons des évidences si claires, le P. André et moi, que l'on ne saurait davantage. Toutefois comme sa béatification et sa canonisation est une des plus relevées qui se passent dans le St Siége, ce n'est pas merveille si l'on y procède avec grande maturité et précaution, et comme ces matières sont de longue digestion, ce n'est merveille si l'attente de ceux qui la désirent, sans savoir comment semblables affaires se traitent, cause de l'étonnement.

« Toutefois, ne craignez point, tres Reverende Mère, que ce retardement apporte de la diminution à la dévotion que sa Sté a pour notre B. Evêque. Je suis assuré que, quand nous serons en état de paraître avec nos procès l'on nous recevra et écoutera avec toute l'affection et accueil qui se pourra désirer..... »

Au 8 janvier 1657, M. Miget avait lu et pesé les 16 cahiers d'enquêtes dont il avait accusé réception dans ses dernières lettres. Ce qu'il avait prévu et cherché à prévenir par ses instructions multipliées, ce à quoi il eût désiré obvier par sa présence à Annecy, venait d'arriver. Il est assez poli pour ne pas dire que le travail qu'il vient de recevoir est de la *besogne gâchée*, mais il le prouve dans la lettre suivante à la Mère de Chaugy, où ses plaintes et son zèle éclatent. En voici des fragments :

« Très Reverende Mère,

« ..... Ayant vu les cahiers, je les trouve si mal en ordre que... j'ai résolu de refaire entièrement tous les actes avant l'examen des témoins.....

« En 1er lieu les témoins qui sont dans les cahiers ne répondent pas sur le dernier interrogatoire *super fama,* en conformité des avertissements que j'avais marqué dans mes instructions....

« En 2me lieu les témoins dépose *quasi* tous *en général,* sans spécifier et *individuer* les actions plus héroïques. Ce qui était absolument nécessaire, comme tres expressément j'avais marqué dans mes instructions.

« En 3m lieu, les témoins ne rendent quasi jamais les raisons avec les circonstances de ce qu'ils disent, ce que particulièrement j'avais recommandé, non seulement sur les miracles, mais encore touchant les vertus.

« C'est pourquoi si les autres ne déposent pas mieux, je me proteste devant Dieu que j'en attribuerai la faute à ceux qui en ont eu la direction par delà, qui n'ont pas lu mes instructions ; car, en cas qu'il eût fallu quelque temps davantage, il valait mieux examiner deux ou trois témoins en bonne forme que vingt *en général;* outre qu'il n'y avait rien qui presse la conclusion du procès; car si les Evêques ne voulaient avoir la patience, l'on en eût trouvé d'autres, et enfin, il n'y a excuse qui *suffragie.*

« Pour remède, si tous les autres sont en cette façon, il faudra ou les examiner de nouveau, ou en examiner d'autres, parce que autrement nous nous mettons en un hasard évident de ne faire guère qui vaille....

« Pardonnez, Reverende Mère, la franche liberté dont je vous explique mes sentiments. Croyez cependant qu'elle est totalement zélée à l'heureux succès d'une si sainte affaire, pour laquelle nous avons tant de vent propice et tant de bonne et belle matière, qu'il ne manquera qu'à nous de la faire paraître en bonne et belle forme, à quoi je suis tres résolu d'employer tout le peu d'expérience qu'il a plu à Dieu par le mérite de ses Saints me donner....

« Votre.... J. Miget. »

Dans sa lettre du 12 février 1657 au Père de Chaugy, il revient vivement sur les vices capitaux de l'enquête et demande qu'on y remédie sans retard. Il le relève par le point d'honneur et par la beauté de la matière qu'ils ont entre les mains ; il lui annonce le concours précieux du Père Harel. Voici cette lettre pleine d'autorité et de raison :

« Mon Reverend Père,

« ..... Quand vous partîtes, je vous laissai certains petits mémoires qu'il fallait bien étudier et entre autres je vous disais et répétai fort clairement qu'il fallait, avant d'examiner les témoins, prendre sommairement et distinctement la relation de tout ce que chacun sait et la mettre par écrit et la bien consulter et en tous cas me l'envoyer ; car si j'eusse eu les dépositions des témoins sur l'affaire de Mr Genin, certes, vous ne seriez pas en la difficulté que vous êtes ; car je vous eusse bien particulierement instruit comme quoi il fallait fonder le miracle et comme quoi il fallait examiner chaque témoin et partant je vous supplie de le faire incontinent parce qu'étant l'une des principales pièces de notre procès, il n'y faut rien oublier ni épargner quoi que ce soit, et assurez vous que de mon côté je n'ometttrai rien de ce que pourra permettre la distance et les avis qu'il vous plaira me donner.

« Je suis bien marri que l'on ne lit pas bien mes lettres... Par les miennes d'octobre, je vous ai prié de me bien instruire sur les deux prodiges arrivés à l'ouverture du sépulcre pour la preuve desquels je vous avais donné quelque instruction ; et cependant on ne me répond pas un mot la dessus, ni en plusieurs autres points dont la réponse était bien nécessaire.

« Mais ce qui m'afflige davantage est que l'on n'observe aucunement mes instructions ou que l'on ne les a pas regardées, car ceux à qui je les ai fait voir avouent qu'il n'y a rien de plus clair... Touchant les trois premiers témoins, je ne suis aucunement satisfait... Nous aurons un procès *in genere* et non *in specie ;*.. prenez garde, mon Père, qu'il faut rémédier indubitablement à ceci pendant que nous en avons le moyen, autrement il ne faut point apporter de procès, si ce n'est avec un évident péril de se faire moquer de nous et de décréditer la cause. J'ai communiqué à quelqu'un bien versé et bien secret, qui est dans la fermeté de cette opinion.

« Sitôt que vous m'aurez renvoyé le premier cahier du procès, je vous renvoirai tous les autres et outre les avertissements que je vous envoie ci-jointement; vous y trouverez coté en marge de la déposition sur chaque article ce qui manque et là où il faut suppléer ou rémédier. Enfin, mon R. Père, je ferai tout ce que je pourrai, afin que nous fassions quelque chose de bon ; autrement je proteste devant Dieu et devant le monde que le manquement viendra de vous autres ; car ce n'est pas faute d'instructions, lesquelles, outre les générales, je vous ai plus particulièrement réitérées par tant de rescriptions.

« ... Nous sommes entrés dans une scène d'où il nous faut sortir avec honneur, quoi qu'il coûte et en quoi nous devons faire tous nos efforts. Enfin, mon R^d Père, ne perdez pas courage, car si bien il fallait recommencer tout de nouveau il faut s'armer d'une bonne et sainte patience et d'un ardent zèle de la gloire de Dieu en l'exaltation de ses Saints ; n'y perdons point de temps, ni n'omettons rien de ce qu'il faut pour bien faire.

« Le P. Harel partit d'ici le 23 du passé, avec dessein de vous aller voir et aider ; je l'ai instruit très singulièrement de l'importance de notre procès et de ce qu'il y manque. Prenez bien garde à ce qu'il vous dira, car il expliquera mieux de vive voix que je ne saurais en de grands volumes.

« ... Ni en ce qui dépend des preuves ni des autres choses substantielles, il ne faut point espérer que la propension de S. Sté doive dispenser en aucune façon ; tout au contraire, elle et toute la Congrégation sera bien plus rigoureuse qu'en point d'autre cause, et partant prenez garde bien sérieusement à tant d'avertissements que je vous en ai donné, afin d'y rémédier pendant que nous en avons le moyen.....

« Votre... J. Miget. »

Les avis si sages contenus dans les lettres qui précèdent, portèrent leur fruit et décidèrent la Mère et le Père de Chaugy à remédier aux vices signalés. M. Miget s'en réjouit dans sa lettre du 30 avril 1657 au Père de Chaugy, qu'il plaint et encourage affectueusement.

« Mon Reverend Père,

« Il faut que j'avoue que j'ai été bien mécontent et affligé d'avoir vu que d'une si belle et féconde matière, l'on en ait fait si peu de profit. Mais d'autre part je suis *quelquement* consolé que la très R^{de} M. votre sœur et vous délibériez de rémédier pendant qu'il est encore temps, à quoi j'espère coopéreront beaucoup les avertissements que je vous ai envoyés par le P. Harel.....

« Encore n'ai-je rien eu touchant les miracles. Je serais bien marri que l'on eut procédé aussi précipitamment que sur le reste. *(La vie et les vertus.)*

« Je sais très bien que vous avez bien conçu la substance des instructions dont je vous laissai à votre depart un recueil fort succinct que nous conférâmes ensemble ; mais je compâtis votre patience qui a été engagée avec des esprits trop violents et *quelquement* indociles.

« Je vous conjure, mon R^d Père, de faire tous vos

efforts, afin que l'on rémédie à une chose qui se peut et pendant que le temps est propice ; car si nous n'avons un bon procès, n'espérez pas que nous puissions obtenir grâces quelconques...

« Votre... J. MIGET. »

Dans l'été de 1657, les choses tournent bien ; la présence du Père Harel se fait utilement sentir dans l'instruction de la cause ; il lui écrit pour le féliciter ; il l'engage à demeurer à Annecy au moins encore deux mois, s'offrant à lui en obtenir la permission pour un *motif qui va être si utile à la chrétienté*. Cependant, pour la perfection de l'affaire, M. Miget lui adresse encore *tout plein* de remarques, en particulier sur le miracle de Françoise de La Pesse. Du reste, il veut *voir tout le procès avant qu'on le mette en bonne forme*.

L'Evêque de Maurienne, décédé, est remplacé comme juge par celui de Saint-Flour ; la peste a disparu de Rome ; les enquêteurs d'Annecy sont enfin disciplinés ; la belle cause de saint François de Sales commence à se présenter avec autant de solidité que de splendeur ; les autres causes que M. Miget patrocine (1) sont résolues favorablement. Tout allait pour le mieux, lorsque survint inopinément le contre-temps le plus fâcheux pour notre cause.

Mgr de Maupas, évêque du Puy, et premier juge-instructeur du procès pour la canonisation de notre Saint, s'était tellement rempli d'admiration et de zèle pour ce saint Evêque dans le cours des informations juridiques, qu'il en composa la vie, ou plutôt l'hagiographie, puis il fit hommage de son manuscrit aux Visitandines de Paris pour leur consolation et leur édification. Mais celles-ci voulurent partager ce trésor avec le public et firent imprimer cette vie. C'était une

---

(1) Il était l'avocat promoteur pour les causes de saint Jean Capistran, du B. Nicolas de Flue, de Ferdinand III, roi d'Espagne, etc...

rechute criante contre les décrets de non-culte ; c'était l'acte le plus compromettant pour la cause. Voici comment notre M. Miget exhale sa douleur et quels sont les premiers remèdes qu'il prescrit à ce mal :

« Rome, 22 octobre 1657.

« Mon Reverend Père

« Si autrefois j'ai reçu de si grandes inquietudes... ce n'était rien à l'égal des afflictions dont je me vois surchargé par l'inopinée impression d'une *Vie* du serviteur de Dieu, en la lecture de laquelle on reconnaît une volontaire désobéissance et transgression des ordres du S. Siége si exprès et de si rigoureuse pratique et qui ont tant apporté de difficultés et de retardements, que si Dieu, par les mérites de son grand Serviteur, n'y eût apporté un souverain remède par une entière obéissance qu'il a fallu accomplir, sans doute la cause aurait encore demeuré beaucoup d'années dans le silence. Vous savez très bien, mon R^d Père, que pour faire paraître cette obéissance, il a fallu dépouiller, abattre et réduire à néant le sépulcre du Serviteur de Dieu ; que, non seulement à Nessy, mais encore autre part et particulièrement à Orléans, il a fallu montrer cette particulière observance ; qu'il a fallu plusieurs procès et tant de dépenses qu'à peine les pourra t-on croire ; qu'après cela il a fallu examiner les œuvres et les vies ci-devant écrites du Serviteur de Dieu, qui nous donnèrent à nous-mêmes des peines infinies pour faire passer une seule lettre qui n'était qu'un B, en quoi l'on a consumé tant d'années, tant de peines, de travaux et de fâcheries, et employé tant d'argent, de faveurs et d'industrie qui néanmoins encore à peine eussent été suffisantes, si les grâces de Sa Sté n'eussent surabondé à faire un grâcieux passage de ce qui s'était fait avant la publication ou par ignorance des décrets du S. Siége. Mais, certes, à présent que l'on est très bien instruit et informé de cette justice, quand S. Sté saura cette rechute et que la Congrégation en sera informée, je ne sais si même l'on osera plus parler de notre cause, parce que je ne trouve aucune apparence de raison ni même prétexte probable de figurer aucune forme d'excuse.

« De tant plus nous sommes affligés, que... l'auteur de cette vie serait Mgr du Puy que vous nous avez fait paraître l'un des plus considérables prélats de la France et qui a été nommé juge et ensuite employé à la fabrique du procès, deux circonstances qui nous rendent de tant plus criminels. La faute est si grande que j'ai peur qu'on la fasse passer pour un crime de *lèse-majesté divine*... et ne sais si j'oserai plus parler de cette affaire qui d'autre part était enrichie d'un si grand trésor, si bien disposée et estimée par les plus hautes estimes.

« Il faut faire tous les efforts plus que possibles pour rémédier aux inconvénients qui peuvent en naître. 1º Il faut supprimer les dits livres,... prenez garde que l'on ôte toutes les images surtout celles du frontispice et celles où le Serviteur de Dieu est dépeint avec des rayons; 2º il faut ôter tous les titres de *bienheureux* et de *saint*; 3º.... 4º.....

« Si les vies ne sont promptement supprimées au Puy et par toute la France, sans doute que l'on cassera la commission de Mgr du Puy et si l'on ne veut supprimer, mandez-nous le nom d'un autre évêque, pour mettre en place de mon dit Sgr du Puy.

« Votre... J. Miget. »

Si la lettre précédente jeta l'alarme à Annecy, elle fit aussi sentir le besoin et le prix d'un homme comme M. Miget. Aussi, pensa-t-on l'attacher à la cause par des espérances humaines. (1) Mais il se montra supé-

---

(1) Voici ce qu'il écrit au Père de Chaugy à la fin de la lettre cotée nº 26 : « Je vous rends très humble grâce de tant d'autres

rieur à tout calcul intéressé ; il rassure le Père de Chaugy sur le succès définitif, puis il répète qu'il faut que tout se passe en *bonne forme* et qu'il faut coopérer avec une patience *italienne* ou plutôt *espagnole*.

Pour lui, il s'applique à parer aux suites fâcheuses de cette Vie. « *Ne doutez pas* que j'y perde un moment de temps, écrit-il le 17 décembre suivant, ni que je laisse passer un seul point de diligence pour franchir ce mauvais pas, ce dont je suis quasi assuré.... Si Mgr du Puy eut directement demandé nos avis pour parer à ces inconvénients, ni vous ni moi n'aurions pas eu tant de fâcheries et de peines ; car j'avais disposé les choses et pris les passages de tous côtés en telle façon que tout serait demeuré secret, et si bien le Pape eût eu quelque vent de ceci, il aurait fait semblant de n'en rien savoir, n'eût été que le nonce lui eût envoyé l'exemplaire que Mgr du Puy lui avait fait donner pour envoyer à S. Sté... Tout s'est si bien disposé, qu'il n'y a plus à projeter la façon que l'on devra suivre, parce que, quant à la substance, tout ira bien... Toutefois les Religieuses de Paris méritent une bonne correction... et seraient obligées à tous dépens.

« Prenez garde, mon Reverend Père, que c'est dans

faveurs dont vous me voulez gratifier. Par la grâce de Dieu, je n'ai point de sœur. Mais partant je ne refuserai pas les offres que vous me faites, si l'occasion se présentait pour quelque parente qui le méritât. C'est pourquoi j'écrirai à mon père de m'en avertir, car ayant longtemps que je suis par deçà, je ne me souviens quasi pas de ce qui se passe en Bourgogne. » Il paraîtrait qu'il s'agissait d'une proposition d'alliance entre les familles des deux correspondants.

A la fin de sa lettre du 5 décembre 1657 au Père de Chaugy, M. Miget écrit ceci : « Ne vous mettez en peine de bénéfice ni d'autre libéralité de Sa Sté (pour moi.) Je suis résolu de ne rien demander pendant cette affaire, car je ne mérite rien, m'étant assez d'honneur et de bonheur d'y pouvoir coopérer. Si Sa Sté, puis après, *de son propre gré*, voudra m'honorer de quelque grâce, je reconnaîtrai le tout des intercessions de notre Serviteur de Dieu et de votre bienveillance. C'est ce que proteste

« Votre... J. MIGET. »

On ne peut qu'admirer tant de désintéressement et de modestie, joint à de si nobles sentiments.

les travaux et adversités qu'on connaît les grands capitaines. Il faut finir cette affaire et glorieusement. Tant plus d'inconvénients j'y vois, tant plus d'espérance j'en conçois, parce que ce ne sont que des artifices du malin esprit qui, pour contrecarrer la gloire du Seigneur qui se veut glorifier en son grand Serviteur, ne tâche que d'apporter des retardements à la terminaison de cette affaire.

« Quand nous l'aurons finie, nous penserons à la M. de Chantal. Mais à présent ne pensons qu'à conduire à bon port ce que nous (dirigeons ?) voguant avec tant de tempêtes..... »

Ce pieux directeur du procès avait bien auguré quand il voyait dans les épreuves du moment un gage de consolations prochaines. Voici ce qu'il put écrire au Père de Chaugy, le 24 décembre 1657, veille de Noël, dont il emprunte les paroles :

« *Evangelizo vobis gaudium magnum*, disait St Luc.

« Pour étrennes je vous donne part qu'enfin par la grâce de Dieu et par l'intercession vraiment miraculeuse de son grand Serviteur, nous avons accommodé et assoupi l'affaire de cette *Vie*, en façon que Mgr du Puy pourra suivre sa commission et que, Dieu aidant, tout ce qui s'est fait et se fera devant lui sera bon et valable, pourvu que l'on observe bien le reste de la forme des *rémissoriales*. Ce fut jeudi passé, 20 du c^t, que l'on prit cet appointement en une congrégation qui par ordre de sa Sté fut faite, où intervinrent les card. Spada Conrado, Albissa et Rospiglioso et les Mons^{ers} Farnese, Rossi promoteur et Versuna assesseur du St Office ; ensuite de quoi l'on m'ordonna de faire suivre et achever le procès, sans parler ni faire bruit de cette *Vie*; mais que auparavant Mgr du Puy devra faire une déclaration que la dite *Vie* n'a point été imprimée de son ordre ni à sa participation, mais tout au contraire à son insu et contre l'ordre exprès qu'il avait donné de surseoir à cette impression... Il faudra que Mgr du Puy fasse la dite déclaration en forme authentique comme j'ai noté en marge d'icelle et me l'envoyer incontinent, afin... que j'aie de quoi *serrer* (1) la bouche à qui que ce soit...

« Tout cet accommodement se doit, après S. Sté, au grand zèle et affection de Mgr le promoteur (l'avocat du diable!).. qui a trouvé les moyens de cet arrangement, les a représentés à S. Sté, a sollicité la dépêche et s'est fait notre protecteur en la dite Congrégation. Priez Dieu par l'intercession de son grand Serviteur, qu'il le conserve, car Mgr du Puy et tous nous autres lui avons de très grandes obligations... Vous saurez un jour de plus grandes particularités sur (2) ceci...

« Informez-vous un peu, mais le plus secrètement que pourrez, si Mr Vincent, fondateur des prêtres de la Mission, est des bons amis et confident de Mr du Puy et des Mères de la Visitation, et quand vous le saurez je vous prie de m'en avertir pour cause et raisons très importantes.

« Votre.... J. Miget. »

On le voit : l'espérance et le courage renaissent partout. Il y avait sujet. Non-seulement les saints encore vivants (saint Vincent de Paul et le pieux Mgr de Maupas) travaillent à la gloire de notre bienheureux François de Sales, mais encore le Promoteur de la foi, qui fait les fonctions d'*avocat du diable*, prend parti pour notre Saint et travaille de concert avec l'avocat de sa cause. Dans sa lettre du 31 décembre, M. Miget écrit que « Mgr le promoteur est le *limonnier de notre affaire. Nous devons remercier Dieu qui l'inspire si affectueusement et je vous assure que c'est l'un des grands motifs que j'ai de la certitude de la gloire de notre Serviteur de Dieu et d'en espérer la déclaration dans l'Eglise universelle* BIENTÔT... »

Pour seconder la réalisation de ces espérances, M. Miget redouble de zèle et de vigilance ; il retouche ou refond tout le travail qu'il reçoit, classe ses preu-

---

(1) On voit que notre franc-comtois, par son long séjour à Rome, avait adopté beaucoup d'expressions et de tournures italiennes.

(2) On ne les connaît pas, même à notre Visitation.

ves et ses moyens, provoque les détails et circonstances qui mettent les miracles en relief, surtout la résurrection de Genin et celle de demoiselle de La Pesse, élague toute superfluité. Ainsi, quoiqu'il trouve belle la déposition du président Favre, il la retouche aussi parce *qu'elle est plus d'orateur que de témoin.* « Du reste, ajoute-t-il, il n'y a point de difficulté que quand, dans notre procès, nous aurons cinq ou six bons miracles, bien prouvés, ce nous sera assez. Toutefois il n'y aura point de mal que dans le même procès, l'on en déduise cinq ou six autres, encore qu'ils ne soient pas si bien prouvés ni de si grande relevance. Sachez qu'aux cardinaux et consulteurs de la Congrégation, il faut bailler de la matière pour dire en partie affirmative et en partie négative, c'est-à-dire, que l'on leur en produit de ceux qui puissent être approuvés et quelques autres où ils puissent fiscaliser... »

On voit que M. Miget était un maître avocat. Il inspirait la plus ferme confiance à la Mère de Chaugy. Mais son état maladif donnait de vives inquiétudes à Annecy. On les lui exprime et on le prie de se bien soigner. Voici les deux mots par lesquels il répond à ces attentions à la fois délicates et intéressées :

« Je vous supplie de ne perdre le temps sur mes douleurs de tête et d'estomac, quoique, j'estime, ce me serait une grande grâce, si je pouvais être libre d'un mal qui me tourmente quelquefois. J'en prie le Serviteur de Dieu. »

La mission providentielle de M. Miget n'était pas encore remplie : il ne devait descendre dans la tombe qu'après que son client serait monté sur nos autels.

L'instruction du procès tirait à sa fin. Dans sa lettre du 26 janvier 1658, M. Miget envoie au Père de Chaugy « *la formalité, instruction et minute du procès compulsorial* et marque qu'en moins de deux mois et demi le travail d'Annecy peut s'achever ; il annonce qu'il enverra incontinent les deux dernières formalités pour authentiquer la copie avec une petite instruction touchant la lettre que les juges devront adresser à la Congrégation.

« Ne perdez point de temps, ajoute-t-il ; faites rassembler vos juges et quand Mgr du Puy passera à Lyon, faites-lui faire la formalité de la visite du chœur selon l'instruction que j'ai donnée..... J'espère que, pour la Congrégation du mois de mai, nous disputerons la validité de nos procès et après que nous aurons surmonté, comme je l'espère, cette dispute, je désirerais que le dit prélat fût ici, puisqu'il faudra la dispense. » (Il faut 50 ans depuis le décès du Serviteur de Dieu, et il n'y en avait pas 36.)

Les juges-enquêteurs se réunirent en effet à Annecy et, au 13 décembre 1658, le procès fut terminé et clos. Ce beau travail, remplissant six volumes *in-folio*, fut immédiatement porté à Rome par le Père de Chaugy, procureur d'Annecy. En revoyant ce volumineux procès, M. Miget revoyait son propre ouvrage, car rien n'avait été mis au net qu'après avoir été remanié par lui. Aussi attendait-il avec confiance le moment des débats. Les deux années suivantes furent employées à discuter les vertus, les miracles, le contenu de ce grand travail (1). Enfin on touchait au terme. Le Père de Chaugy ne se possédait pas de bonheur. Voici comme il l'exprime dans la lettre suivante :

†

CHARITAS.

« A Rome ce 21 juillet 1656.

« Mes Révérendes et très honorées Mères,

« *Ceux qui espèrent au Seigneur seront environnés de sa miséricorde.* Il me semble, mes chères Mères, que ces paroles de David doivent être appliquées avec

(1) Notice hist., par un Curé, p. 45.

justice à vos charités qui espèrent, il y a si longtemps, la canonisation de votre illustre Fondateur ; et je vous annonce que vous soyez non seulement environnées de la miséricorde divine, mais *quasi* dans la plénitude des célestes bénédictions sur cette s^{te} affaire, comme vos Rév^{ces} peuvent voir par les décrets qui ont été favorablement expédiés en cette cour depuis deux mois; celui de l'examen de la compulsation est très avantageux; mais celui de dispense des 50 années, qui contient deux autres grâces très précieuses, doit être le beaume répandu pour réjouir par sa suavité toutes les Filles et tous les dévots du V^{ble} fondateur, François de Sales.

« Il a été suivi d'un troisième décret de la validité de notre grand procès. Tellement, mes chères Mères, que nous voguons maintenant à pleines voiles sous la favorable permission que le S. Siége nous a concédée de pouvoir traiter de votre s^{te} cause dans toutes les Congrégations ordinaires des Rites ; ce qui est un bonheur incomparable pour nous, parce que, si, selon l'ordinaire méthode de Rome nous eussions été contraints de traiter de nos affaires seulement dans les trois Congrégations qui se tiennent devant le Pape, six ou sept ans ne nous auraient pas fini notre canonisation. Si vos Rév^{ces} me font justice, elles se souviendront que je me donnais l'honneur de leur écrire le dernier jour de l'an passé et que je leur rendis compte succinctement de mon retour en cette Cour de Rome et des premières formalités de la présentation de notre procès. Je crois que la Mère de Chaugy ma bonne sœur vous aura tenues averties de nos progrès depuis ce temps-la jusqu'à un autre sémestre que je recommence depuis le 14 juin, que nous avons tenu un décret pour la cinquième partie du procès, qui fait un favorable préjugé du reste.

« Le 20 du même mois, le grand et précieux decret que je joins à cette lettre pour votre consolation et celle de nos amis; et le 19 de ce mois nous avons obtenu un autre décret du tout admirable de la *validité de notre procès qui a paru avec tant de splendeur* que l'on tient et l'on dit hautement qu'il n'a jamais paru dans Rome un ouvrage si accompli et que l'on prétend que désormais il servira de modèle à tous ceux qui voudront poursuivre des canonisations (1), qui est une entreprise si grande, si longue et si pénible, qu'il est impossible de la comprendre par le récit d'autrui.

« Mais il ne faut plus parler de peines, mes R^{des} Mères, puisque nous voyons notre s^{te} affaire aussi assurée que si elle était faite. Le St Esprit a parlé au cœur de notre St Père, ainsi que vous saurez quelque jour plus au long... Pour le moment vous doit suffire d'une chose : Vous puis-je assurer que le S. Père prend un très grand gout à la lecture des Vies de vos premières Mères et Sœurs, qu'il les fait tenir dans la chambre où il dort et qu'il a cette clémence de dire que c'est son entretien spirituel et de sa famille, et que vous devez croire que les intercessions de toutes ces âmes religieuses nous ont beaucoup aidé. Faites-leur quelque prières secrètes à mon intention, afin qu'elles nous aident à finir le grand ouvrage.

« Nous sommes à présent dans le fort de la besogne, ayant six braves traducteurs pour les six parties du procès ; chacun a plusieurs écrivains sous soi pour faire les transcriptions et les abrégés. La Congrégation est déjà intimée d'ici à quinze jours pour plaider la validité du procès fait à Orléans. Ainsi, mes chères Mères, nous allons abregeant le temps et redoublant le travail, en sorte que nous *dépensons* chaque semaine en bonne supputation faite cent et trente pistoles et allons jusqu'à 150 quelquefois, ce qui durera jusqu'au jour de la Toussaint de cette année. Ce qui m'est permis de vous dire maintenant, c'est une très ferme assurance que, grâce à Dieu, il n'y a plus rien à craindre en votre s^{te} affaire ; que vous leviez vos têtes et vos cœurs en haut et voyiez par le bourgeonnement de tant de décrets obtenus, de tant d'abbréviations du temps et d'empressement à travailler, que votre consolation est très proche et

---

(1) On sait maintenant à qui revient la meilleure part de ces éloges.

que dès cette heure vous pouvez vous y préparer.....

« Pour moi, mes R^{des} Mères, qui n'ai été que le pauvre chétif procureur d'Annecy et de celles d'entre vous qui comme votre grand Fondateur n'avez pas dédaigné les services d'un petit indigne minime, je vous assure que toute la récompense que je demande à mon glorieux Père François de Sales, c'est une retraite séparée de tous les hommes, espérant qu'il m'obtiendra la chère solitude où il se voulait retirer, pour n'aspirer plus qu'au ciel, si la mort n'eût prévenu son grand dessein, et j'espère qu'ayant fini la belle et sainte affaire qui m'occupe il y a dix ans à votre service, vous me continuerez vos saintes prières et de votre chère Communauté que je salue, étant de toutes ensemble

« Très humble et très obéissant fils

et serviteur en Dieu.

« F. André de CHAUGY. »

Nous manquons de détails sur les difficultés nouvelles qui surgirent et retardèrent la solution ; mais ce dont il conste, c'est que la discussion des miracles fut très-laborieuse. M. Miget, déjà exténué, y fit des prodiges. On accepta tous les miracles sur lesquels il comptait pour le succès de la cause. Les trois dernières Congrégations, où il plaida cette matière capitale d'une façon triomphante, achevèrent de l'épuiser. Il fut obligé de se faire représenter par un substitut dans une dernière Congrégation, et d'aller un instant prendre l'air de Naples. Mais alors toutes les difficultés étaient levées ou vaincues.

En effet, la question était mûre ; la cause, richement instruite ; la lettre des décrets, observée scrupuleusement ; la sainteté du Serviteur de Dieu était signalée par des vertus et des miracles qui eussent suffi à faire *canoniser soixante personnes*. D'un autre côté, nous avons vu, par les lettres de M. Miget et du Père de Chaugy, que le Ciel se déclarait en faveur de la cause à ses principaux agents par des moyens surnaturels qu'ils ne nous ont point appris. Etait-ce par des faveurs, des inspirations ou des lumières extraordinaires, par les visions de quelque Claudia Procula, par la voix qui terrassa Saul sur le chemin de Damas ou par les plaies qui frappèrent les Philistins au passage de l'Arche sainte, nous l'ignorons. Mais après avoir assez accordé à la *lettre* qui *tue*, il fallut enfin se tourner vers l'*esprit* qui *vivifie*. La béatification s'imposait de toutes manières, Rome était débordée (1) et le Pape, dès longtemps assuré de la sainteté du Serviteur de Dieu, eût craint que de nouveaux délais n'offensassent le Ciel.

Enfin, le 39me anniversaire de la mort du Serviteur de Dieu se leva. C'est ce jour (28 décembre 1661) que la pieuse attention du Pape choisit pour signer le décret de béatification. Ainsi le Saint naquit le même jour que l'homme était mort. Le décret était conçu dans des termes si favorables, qu'ils équivalaient à la canonisation, puisqu'ils portaient qu'elle était désormais assurée.

On sait la fête splendide qui solennisa cette béatification à Saint-Pierre de Rome, le 8 janvier 1662. C'est saint François de Sales qui recueillit les primeurs de cette innovation. Au 29 avril suivant, on commença aussi avec des transports inouïs à la grande Visitation d'Annecy une fête qui dura neuf jours et pendant laquelle la dévotion du peuple, si longtemps gênée et contenue, put prendre son libre essor. Inutile de répéter ici les touchants détails et les pages délicieuses qu'un *Curé du diocèse d'Annecy* a consacrés à ces cher souvenirs; il nous suffit d'y renvoyer (2).

Rd Miget pouvait mourir : son rôle était aussi saintement que noblement rempli. Déjà il ne sortait plus de son logement de Rome où il était revenu de

---

(1) La Vie du Saint, par Mgr de Maupas, et la lettre de saint Vincent de Paul au Pape, en juin 1659, avaient donné une impulsion considérable à cette sainte affaire.

(2) Notice hist., de la page 45 à la page 61.

Naples. Après la réception du bref, voici comment il exhale son *nunc dimittis* dans la lettre suivante au Père de Chaugy :

(Sans date.)

« Mon Reverend Père,

« Enfin, avec l'aide de Dieu et par les mérites et intercessions de N. B. François de Sales, nous voici arrivés, non seulement à la béatification, mais encore à la fin totale de cette grande affaire avec tout le succès et bonheur que l'on saurait désirer, puisque le S. Siége, ayant décrété que *l'on peut venir assurément à la canonisation*, il ne reste plus, sinon que S. Sté en détermine le jour, pour en célébrer les solennités. Dieu veuille que ce soit bientôt, afin qu'après nos travaux nous puissions avoir cette consolation en nos jours, comme je l'espère. »

Il ne l'eut pas ; il mourut au printemps de 1662, muni de tous les secours religieux, entre les bras du Père de Chaugy. Nous avons sur Jean Miget, dans les archives de la Visitation, en date du 9 septembre 1662, une lettre de son secrétaire et substitut, le sieur Bouillaud, qui avait collaboré sept ans en sous-ordre et qui était compétent pour parler du pieux défunt. Il résulte de ce document : 1° *Que M. Miget a été l'unique directeur et promoteur* de la béatification ; 2° Qu'elle a été obtenue, *merci à ses incomparables travaux ;* 3° *Que autre personne que M. Miget ne pouvait réduire à perfection la cause* (de notre Saint), comme la Mère de Chaugy l'a *témoigné par ses lettres qui sont aux mains* de M. Bouillaud ; 4° Que c'est en plaidant cette cause qu'*il a perdu la vie, ainsi même que le Pape dit à Messieurs les Evêques ;* 5° Que ni M. Miget ni son secrétaire, après sept ans de travaux, *n'en avaient pas encore eu la valeur d'un liard* (1) ; 6° Mais qu'il lui était *dû pour cette cause plus*

---

(1) Après la béatification, M. Miget, au milieu des remèdes et des dépenses, écrivait au Père de Chaugy qu'enfin il *désirait voir quelque*

de 3,000 écus, dont il légua 1,200 *écus* à M. Bouillaud, et 7°, de tout le reste de sa créance, il *voulut gratifier la mémoire du Bienheureux, avec espérance qu'il l'aurait aidé dans ce dernier et épouvantable passage* (1).

Ces divers faits témoignent hautement du désintéressement, du zèle et du succès avec lesquels cet homme précieux a traité la cause de notre Saint, et du droit qu'il a de voir son nom sortir d'un injuste oubli.

RÉSUMÉ.

Le postulateur de la cause pour la première période avait été dom Juste Guérin; il n'en vit pas la solution, étant mort en 1645, évêque de Genève.

Le postulateur pour la seconde période avait été M. Debezanson. Il vivait encore et suivait avec un vif intérêt les progrès de cette célèbre cause; aussi, quand le Père de Chaugy lui eut fait part de la béatification, il s'empressa de lui répondre comme suit :

« Aouste 24 avril 1662

« Mon tres cher et Reverend Père,

« Dieu soit à jamais béni de la bonne nouvelle que nos chères Sœurs de Turin nous ont donne de votre part touchant la declaration faite de la sainteté de N. B. P. Nous en avons rendu grace à Dieu publiquement, chanté le *Te Deum* et fait un feu de joie en temoignage de notre allégresse à laquelle le peuple de notre ville a convenu de grand cœur. Nous avons dressé un petit autel devant la porte du monastere sur lequel était son tableau entouré de fleurs. Il y eut tout le jour du monde à genoux devant avec une grande dévotion. Ainsi voilà, mon cher Père que Dieu commence à vous recompenser de vos peines.

« Debezanson. »

---

effet des promesses et récompenses, et être une fois *satisfait; lui semblant ne demander, sinon la justice, protestant néanmoins que tout ce qui en sera il le recevra par grâce particulière.*

(1) Voir cette lettre à la fin du présent opuscule.

Le Père de Chaugy avait eu le maniement des sommes considérables qu'avaient exigées le procès des enquêtes en Savoie et cette multitude de traducteurs et de copistes dont il parle dans sa lettre du 21 juillet 1659. L'Ordre de la Visitation tout entier se livrait à un effort suprême pour faire face aux dettes créées et aux dépenses futures, et aucun des agents et employés de ce procès n'est resté sans sa légitime rémunération, sauf le sieur Miget qui recueillait sa récompense au ciel et avait renoncé à celle de la terre.

Le Père de Chaugy qui, pendant dix ans, avait déployé beaucoup de dévouement et d'activité à la poursuite de la cause, rendit ses comptes le 28 octobre 1660; il reçut non-seulement une quittance générale et sans désignation de chiffre, mais encore un haut témoignage de reconnaissance du 1er Monastère de la Visitation. Voici cette pièce originale au bas de laquelle figurent les signatures autographes des Sœurs de Chaugy, Fichet, Rosset, etc.

†

VIVE JÉSUS

Nous soussignées superieure, conseilieres, surveillantes et économe du premier monastère de la Visitation Ste Marie d'Anessy confessons avoir receu les comptes qu'il a plut au Reverend Père Andre de Chaugy religieux minime de nous rendre par son humilité et charité de tout le peu d'argent qu'il a manié de nous, depuis qu'il nous a fait la grace d'être nre procureur pour la canonization de nre Bien heureux Père François de Sales, singulièrement dès le 17me janvier mille six cent cinquante-six, jusqu'a la fin du mois d'aoust de cette année mille six cent soixante, et non seulement nous l'en tenons quitte, mais la justice et la vérité veut que nous fassions plus tost une action de grace et que nous admirions comme quoy ce tres digne pere et procureur des

Saints a fait tant de grandes choses avec si peu d'argent, nous l'assurons que nous voulons laisser avec les contes qu'il nous a envoyé, la coupie de cette quitance et action de grace dans nos archives pour faire foi perpetuelle a nos successeresses des grandes obligations que nous avons au susdit Reverend Pere.

En foy de quoi nous sellons et signons cet escrit de nos mains propres ce vingt huit octobre mille six cent soixante.

> Signées Sr Fran Made de Chaugy Sœur Marie Susanne Durest Assistante et Conseillere Sœur Marie Adriane Fichet Surveillante et Conseillere Sr Anne Marie Rosset Conseilliere et Secretaire de cette quittance. Sr Françoise Angelique de la Croix Conselliere Sr Francoise Emanuelle de Novery Surveillante Sr Marie Therese de Passier Econome.

La Mère de Chaugy avait intéressé tous les Monastères de l'Ordre à ces dépenses sacrées, avons-nous dit. Le produit de 56 Monastères, dont les noms sont désignés, arrivait à la somme de 84,348 livres et 14 sols, sur lesquels la Reine-Mère, Anne d'Autriche, avait fait un don de 6,000 livres. Dans cet important total ne figurent pas les sommes que la célèbre Mère de Chaugy avait reçues personnellement, ni celles que plusieurs autres Monastères ont versées plus tard pour le même but.

Cette troisième instance, poursuivie pendant dix ans par la Mère de Chaugy et couronnée enfin de l'heureux succès de la béatification, avait coûté, d'après une note conservée dans la liasse de la Mairie, la somme de 92,088 livres.

Après les fêtes de la béatification, la S. Congregation des Rites, regardant la canonisation comme infaillible et imminente, offrit au 1er Monastère d'Annecy de se charger elle-même de tous les frais qu'occasionneraient les fêtes à célébrer à Rome pour cette solennité, ainsi que l'expédition des bulles, moyennant une somme de 30,000 écus romains, ce qui, en monnaie de France, équivalait à 105,000 livres. Le Monastère d'Annecy accepta avec empressement cette offre, parce qu'il y voyait le couronnement définitif et prochain de tous ses vœux et de tous ses efforts.

Si on réunit ensemble toutes les sommes dépensées dans les trois périodes pour la poursuite de ce but sacré, on arrive au chiffre, très-notable pour l'époque, de 302,881 livres. Par une note, écrite après la béatification, la Mère de Chaugy déclare, *foi de chrétienne et de religieuse*, que les dettes du Monastère ne se sont pas faites pendant la gestion de son frère, le Père de Chaugy, *mais bien le saint ouvrage qui doit faire tout notre bonheur et celui de l'Institut, comme il fait la joie de toute la terre.* Elle attribue à ce digne frère le plus gros lot de gloire dans le *grand ouvrage* de la glorification de saint François. Avec moins de modestie, elle eût pu le retenir, pour elle, comme la vérité historique le lui confirme. Du reste, dans l'histoire de l'Institut de la Visitation, comme dans les travaux entrepris pour la glorification de notre Saint, nous voyons la Bourgogne et la Savoie se mêler d'une manière plus intime et plus fraternelle qu'elles n'avaient jamais fait sous les premiers rois burgondes et sous la dynastie rodolphienne, pour former une patrie commune.

On avait cru que la canonisation allait suivre immédiatement; mais survinrent les graves complications des *franchises* entre Alexandre VII et Louis XIV, puis des difficultés nouvelles et inattendues pour la cause elle-même; puis Miget n'était plus là.

Ce ne fut que le 19 avril 1665 que fut rendu le solennel décret de la canonisation. On sait les fêtes qui célébrèrent à Rome et à Annecy cet évènement si impatiemment attendu, et la part empressée et active qu'y prirent le Conseil et la ville d'Annecy (1). Des morts étaient revenus de l'autre monde pour y

---

(1) *Saint François de Sales*, par A. Despines et E. Serand, etc., pag. 89 et suiv.

assister : on y vit paraître la Visitandine Françoise de La Pesse, et le digne archiprêtre Jérôme Genin, que saint François de Sales avait ressuscités 43 ans auparavant. Mais en retour, on eut à regretter l'absence de la célèbre Religieuse à qui tout l'Ordre de la Visitation et saint François doivent une large part de leur gloire; des croix venaient de se mêler à son bonheur ; elle était confinée dans le modeste Monastère de Seyssel et ne put paraître à cette fête de la canonisation qui était en grande partie son ouvrage.

Là s'arrêtent nos documents. Nous ne prétendons pas qu'ils aient tout dit. Mais on conviendra que la liasse retrouvée est pleine d'intérêt et qu'elle n'a pu être connue ni de M. de Baudry, ni de Pérennès, ni des auteurs de l'*Année-Sainte*, puisque, dès l'année 1793 à l'année 1876, elle gisait ignorée au milieu des araignées d'un galetas d'Annecy. Après cette publication, que nous avons dû écourter, nous laissons libre carrière aux documents et aux appréciations d'autrui.

Notre esquisse est terminée. Les noms propres que nous avons vus concourir au succès de cette grande cause, sans déroger à la gloire de notre Saint, servent à la mettre en relief. S'il leur en revient à eux-mêmes quelque lustre, ce n'est que par rejaillissement. Comme, dans ces peintures magistrales qui représentent l'apothéose d'un saint, on voit une escorte d'anges dont les uns portent les instruments de son triomphe, d'autres tirent de leurs harpes des harmonies à sa louange, d'autres soulèvent le nuage lumineux qui l'emporte au ciel; mais, que ces anges soient éclairés des reflets de sa gloire ou perdus dans la nuée qui lui sert d'escabeau, ce n'est point sur eux que s'arrête l'attention du spectateur; elle monte jusqu'à la face transfigurée et céleste du Saint qui domine et irradie tout le tableau. De même, que les personnages que nous avons vus figurer au grand acte de la glorification de saint François de Sales s'appellent Alexandre VII, Mère de Chaugy,

Jean Miget, promoteur Rossi, Père de Chaugy, de Bezanson, ou d'un autre nom, quelque reflet que sa gloire fasse rejaillir sur eux, c'est toujours la radieuse figure de notre Saint qui éclaire tout cet entourage, et tous les acteurs de cette scène ne sont autour du héros que comme les satellites qui gravitent autour d'un astre resplendissant.

DEUX
DOCUMENTS

IMPORTANTS

Au sujet de saint François de Sales [1]

Faute d'avoir assez exploité les richesses archéologiques que possèdent les diverses archives d'Annecy au sujet de son glorieux Saint, il s'est commis des erreurs qu'il convient de dissiper et des usurpations qu'il est temps de réprimer. Dans ce but, voici deux documents précieux, extraits, le premier, du *Registre des sépultures faictes tant en l'Esglise parrochiale de St-Mauris qu'aux aultres de la ville d'Annessy*, par Mre R. Garnier, vicaire dudit St Mauris et chanoine, etc.; le second, du *Registre des délibérations de la ville*. C'est de ces sources originales que nous les avons tirés.

Le premier est relatif à la mort, à la translation et aux obsèques du Saint.

« Feurier 1623 —

Ill{me} et R{me} François de Sales Euesque de Geneue.   « Nota que le 28 decembre 1622, jour des Innocents dans la ville de Lyon ou estoient le Roy et les Reynes de France et

[1] Publiés en 1875, par J. M.

trois des SS^mes Princes de Sauoye, et Madame seur du Roy Princesse de Piedmont, passa de ceste vie a une meilleure Ill^me et R^me François de Sales, Euesque et Prince de Geneue, le corps duquel reposa à Lyon dans l'église de la Visitation, iusques a ce qu'il fust apporte en ceste ville que fust le 22 janv. 1623, sur les trois heures apres mydi, que le corps du Ven. Chappitre de l'Esglise Collegiale de N.^re Dame luy alla au devant de la le pont des Hernons, accompagne de toutte la ville, fondants en larmes, et a esté porte dans l'eglise du St Sepulchre, ou il a repose iusques au mardy suyvant sur les huict heures du mattin, qu'il fust porte à la Cathedrale accôpagne de tout le clergé pour y faire les obseques, et y reposa iusques au soir, qu'il fust porte à l'église des Dames de la Visitation ou il repose meintenàt *Requiescat in Pace.* »

Signé : GARNIER.

Ce récit, conforme, d'ailleurs, à celui qu'a tracé Ch.-A. de Sales (2 vol., page 272 et suiv.), rectifie celui de tous les écrivains de notre pays sur la date des obsèques. L'ouvrage, d'ailleurs consciencieux, sur l'*Apostolat de saint François de Sales à Thonon*, porte (page 340) : « *Le saint dépôt, parti de Lyon le 18 janvier, arriva le 23. Le 29, la ville d'Annecy célébra avec une grande pompe les funérailles de son évêque.* De son côté, l'excellente *Notice sur les précieuses reliques*, par un curé de ce diocèse, qui n'écrit pas assez souvent, s'exprime ainsi : « *Cependant, le 29 janvier, jour destiné aux grands honneurs des funérailles, était arrivé.* » (page 16). « *Le 29 janvier*, écrit M. Burnod dans son *Pèlerinage aux tombeaux*, etc. (page 12), *après avoir reçu de splendides honneurs à la cathédrale, elles* (les vénérables dépouilles) *furent portées au premier Monas-*

tère, etc. » MM. Despines et Serand, dans le livre intéressant qu'ils ont composé sur *saint François de Sales*, disent à la page 57 : « *A la date du dimanche 23, nous lisons* : Ce soir arriva le corps. »

Ce dernier passage renferme deux inexactitudes : la première, c'est que le dimanche était le 22 janvier et non le 23 ; la deuxième, c'est qu'il fallait lire : *Ce soir arrivera*, et non : *Ce soir arriva*, etc. C'est donc un dimanche, 22 janvier, que le saint corps entra à Annecy, et sur ce point le registre de ville concorde parfaitement avec le registre mortuaire de Saint-Maurice.

Quant à la date du 29 janvier que les trois auteurs susnommés assignent aux funérailles du Saint, elle est erronée. Elles eurent lieu le mardi 24 janvier 1623. Ch.-A. de Sales le dit, comme le registre de Saint-Maurice. La méprise provient vraisemblablement de la date assignée pour la fête par Alexandre VII, qui est le 29 janvier. La célèbre Mère de Chaugy avait demandé qu'elle fût fixée au jour de la mort, 28 décembre, ou au jour des funérailles. Mais les rubriques ne permettant pas cette concession, Rome assigna pour cette fête le premier jour libre après le 24 janvier, ce qui portait au 29.

Le second document est relatif aux premières démarches faites par la municipalité d'Annecy en vue de la canonisation de saint François de Sales. C'est une procuration faite au P. Dom Juste Guérin, le 1er juin 1624, rédigée par un notaire et couchée dans le registre municipal à la date du 12 juin 1624. Cette importante pièce est rédigée en très-beau latin. Voici la traduction que nous en avons faite, aussi fidèlement qu'ont pu le permettre quelques mots mal écrits ou mal lus.

« *Teneur de procuration.*

« Nous, syndic, conseillers et conseil de la ville d'Annecy ;

« Attendu qu'il est juste et raisonnable que ceux

qui, pendant leur vie, ont été nos Mécènes, reçoivent à leur tour de notre part les témoignages de notre reconnaissance ;

« Rappelant à notre mémoire les bienfaits signalés dont nous a comblés notre excellent, très-illustre et révérendissime père en Christ François de Sales (de pieuse mémoire), naguère évêque de ce diocèse de Genève, et les soins merveilleux qu'il nous a prodigués ;

« Craignant de passer pour contempteurs de la sainteté d'un si grand personnage, si nous jetions le voile (1) du silence sur cette vie éclatante, ou plutôt miraculeuse ;

« Embrasés d'un désir inné de lui plaire et de la plus vive affection pour lui ;

« Désirant laisser aux autres nations qui accourent ici à l'envi pour visiter le tombeau d'un si grand pasteur, ainsi qu'à nos descendants, par une sorte de perpétuel fidéi-commis, le souvenir des miracles dont cette vie brille avec un éclat qui grandit de jour en jour ;

« Espérant avoir pour intercesseur dans le ciel celui que nous avons eu pour docteur sur la terre,

« Par ces motifs et autres raisons de ce genre,

« Semblables à des enfants que l'amour entraîne vers un père plein de tendresse,

« Nous,

« Considérant la singulière doctrine, la dextérité et l'expérience dans le maniement des affaires que possède le très-révérend P. Juste Guérin, prêtre profès dans la société des RR. PP. Barnabites,

« L'avons élu, créé et constitué, comme par les présentes nous l'élisons, créons et constituons, pour notre procureur, agent et négociateur spécial et général ;

« Le prions de vouloir bien, en notre nom et en

(1) Subticeamus.

celui de toute cette cité, procéder à des informations et enquêtes sur la vie et les mœurs de ce grand prélat, ainsi que sur les miracles qu'il a opérés de son vivant et après sa mort; et qui mettent dans un éclatant relief les moments de cette vie toujours plus sainte, les recueillir de la bouche d'hommes sérieux et de témoins dignes de foi; prendre sur tout cela des renseignements précis; entendre les témoins selon l'exigence des cas, écrire leurs dépositions; instruire, verbalement ou par écrit, notre très-saint Père le Pape, des miracles dont resplendit cet homme de Dieu, et supplier le Saint-Siége apostolique de mettre au nombre des bienheureux et des saints cette éclatante *lumière* de l'Eglise catholique, surtout en haine et comme fléau de l'hérésie; enfin, faire toutes autres choses nécessaires ou opportunes pour ce que dessus, lors même qu'elles demanderaient un mandat plus spécial qu'il n'est exprimé par les présentes;

« Promettons de tenir pour ratifiées, agréables et stables toutes choses et chacune, faites par le révérend seigneur procureur, ou par celui qu'il aurait délégué à cet effet, avec promesse de ne jamais contrevenir à ce qui aura été réglé ou fait par ledit seigneur procureur.

« En foi de quoi nous avons ordonné que ces lettres testimoniales, signées de notre main, soient expédiées par le secrétaire de la présente ville et munies de l'empreinte et de l'apposition de son sceau.

« A Annecy des Allobroges, le jour des calendes de juin mil six cent vingt-quatre. «

Signé au registre :

« Ducrest. — Vassat. »

En présence de ce document authentique, on est à bon droit surpris d'entendre un ancien aumônier de la Visitation et un archéologue d'Annecy nous dire, l'un : « *La France prit l'initiative* (de la demande de béatification), » et l'autre : « *Vers 1627 prennent place les premières formalités*, etc... » Ce qui est constant, c'est que le 1ᵉʳ mai 1624, Mgr J.-F. de Sales, frère et successeur du saint, témoin de l'affluence des pèlerins et des miracles qui s'opéraient à ce tombeau, pressé en outre par la Mère de Chantal, fit une procuration au P. Juste Guérin, barnabite, qui devint ensuite son successeur à l'évêché de Genève, afin qu'il pût agir et informer partout, au nom de l'évêque et de la Visitation d'Annecy, et acheminer la cause de la béatification. Ce qui restera désormais notoire et acquis à l'histoire de notre pays, après l'admirable pièce qu'on vient de lire, c'est que les *syndics* et le conseil général d'Annecy, s'empressant de s'associer à ce grand mouvement, agissant *en leur nom et en celui de toute la ville*, donnèrent le 1ᵉʳ juin 1624 (1), une solennelle procuration au même révérend personnage et dans le même but.

Il y a plus, et, chose remarquable : par l'acte précité, la municipalité d'Annecy a été la première à pressentir et à demander, peut-être sans en avoir conscience, la proclamation du *doctorat* pour le saint évêque. S'emparant des termes de l'oraison que l'Église n'adresse qu'à ses saints *docteurs*, ces administrateurs d'Annecy expriment *leur désir d'avoir pour intercesseur dans les cieux celui qu'ils ont eu pour docteur sur la terre* (2), plus loin, ils appellent leur évêque *une éclatante lumière de l'Église, le fléau des hérétiques* (3), toutes appellations que l'Église ne décerne qu'à ses docteurs (4).

---

(1) Le 8 juin 1624, la ville ordonne de donner quelque repas aux *premiers* (principaux) de la ville de Thônes qui se proposent de venir, avec plusieurs autres voisins, en dévotion en cette ville, notamment au tombeau de feu Mgr le *bienheureux* François de Sales (Archiv. municip.)

(2) Ut eum intercessorem habere mereamur in cœlis, quem *doctorem* habuimus in terris.

(3) Tantum Ecclesiæ Catholicæ *lumen*... velut *hæreticorum flagellum*.

(4) Le conseil de Thonon, dans la belle inscription dont il orna le tombeau de l'apôtre du Chablais, dit à son tour : *La sublimité, la pureté et la piété de sa doctrine et de ses écrits en ont fait un docteur.*

LETTRE DE M. BOUILLAUD

A LA MÈRE DE CHAUGY.

Ma très Révérende Mère,

Vous aurez deja sceu et receu la nouvelle de la mort de Mr Miget (que Dieu absolve), *unique directeur et promoteur de la canonisation* du B. François de Sales votre fondateur, lequel un jour auparavant de son décès fit son testament et entre autre il me légua tout ce qu'il avait d'avoir de la susd^{te} cause qui montait *à plus de trois mille escus. Mais voulant gratifier la mémoire du Bienheureux, avec espérance qu'il l'aurait ayde dans ce dernier et épouvantable passage,* pour la cause duquel, *merci aux travaux incomparables pour la promotion de sa canonisation,* il a perdu la vie, ainsi mesme que *le Pape dit à Messieurs ces évêques,* il déclara que, à considération des peines et fatigues que j'avais eu en la poursuite de la cause, il voulait que je me contentasse de mille deux cents escus et le *reste il le laissait au bienheureux...* Le s^r Miget recommanda le tout au R. P. André votre frère dans l'article de la mort et lorsqu'on lui donnait les saintes Huiles et le Père André n'y fit aucune répugnance... Mais qu'alors il n'avait pas le moyen de me satisfaire et me pria de laisser passer tout le mois de juin afin que étant receu l'argent pour la canonisation, il me peut contenter plus avantageusement... Outre... qu'il (Miget), n'a rien eu tout a fait pour les *trois dernières Congrégations des miracles qui lui ont causé la mort.*

Partant je vous écris la présente pour vous prier d'avoir égard au légat du s^r Miget et à mes travaux, me confiant en votre bonté et rectitude de conscience et réflechir comme vos affaires sont assez bien acheminés, avec l'espargne de trois mille escus comme il est facile de voir par la liste que j'ai donné au P. André et qu'il dit vous avoir envoyé et que *autre personne que Monsr Miget ne pouvait réduire à perfection la cause* comme vous scavez et avez *témoigné par vos lettres que j'ai en mains* et vous prie de me consoler après tant de temps..... Vous scavez les dépenses faites du passé et en vain et n'avez rien dépensé à ce propos jusqu'à présent et ne croy pas que vous permettiez que l'âme de ce pauvre homme aye à souffrir pour ce qu'il m'a laissé avec tant d'équité pour mes peines... Le P. André scait combien de peine j'ay eu et spécialement en la dernière Congrégation, lorsque le sr Miget estait à Naples, me convenant suppléer à son absence. Nous asseurons que par l'espace *de sept ans que j'ay travaillé après vostre cause, je n'en ay pas encore eu la valeur d'un liard.* Je vous prie de nouveau de considérer que ce que je demande c'est le sang du sr Miget et le mien. Partant l'attente ne devrait pas être plus longue... L'intérêt et le besoin m'ont contraint de vous importuner, me disant à jamais

    Ma très Rde Mère,

        Votre très humble et obligé serviteur,

            Claude Bouillaud.

Rome, 9 septembre 1662.

www.ingramcontent.com/pod-product-compliance
Lightning Source LLC
LaVergne TN
LVHW021723080426
835510LV00010B/1114